DIREITO AO AMBIENTE

Coleção **Estado e Constituição**

Diretor/Organizador
Jose Luis Bolzan de Morais

Conselho Editorial
Jose Luis Bolzan de Morais
Lenio Luiz Streck
Rogério Gesta Leal
Leonel Severo Rocha
Ingo Wolfgang Sarlet
Jania Saldanha

Conselho Consultivo
Andre-Jean Arnaud
Wanda Maria de Lemos Capeller
Michele Carducci
Emilio Santoro
Alfonso de Julios-Campuzano
Jose Manuel Aloso Linhares
Roberto Miccú

B446d   Bello Filho, Ney de Barros

Direito ao ambiente: da compreensão dogmática do direito fundamental na pós-modernidade / Ney de Barros Bello Filho. – Porto Alegre: Livraria do Advogado Editora, 2012.

87 p.; 21 cm. – (Estado e Constituição; 13)

Inclui bibliografia

ISBN 978-85-7348-777-0

1. Direitos fundamentais – Meio ambiente. 2. Direito constitucional. 3. Garantia (Direito). 4. Brasil. Constituição (1988). I. Título. II. Série.

CDU – 342.7:504
CDD – 341.27

Índices para catálogo sistemático:

1. Direitos fundamentais: Ciências do meio ambiente 342.7:504

(Bibliotecária responsável: Sabrina Leal Araujo, CRB-10/1507)

Estado e Constituição – 13

NEY DE BARROS BELLO FILHO

DIREITO AO AMBIENTE

DA COMPREENSÃO DOGMÁTICA DO DIREITO FUNDAMENTAL NA PÓS-MODERNIDADE

livraria
DO ADVOGADO
editora

Porto Alegre, 2012

© Ney de Barros Bello Filho, 2012

Capa, projeto gráfico e diagramação
Livraria do Advogado Editora

Revisão
Rosane Marques Borba

Direitos desta edição reservados por
Livraria do Advogado Editora Ltda.
Rua Riachuelo, 1338
90010-273 Porto Alegre RS
Fone/fax: 0800-51-7522
editora@livrariadoadvogado.com.br
www.doadvogado.com.br

Impresso no Brasil / Printed in Brazil

Dedico este trabalho aos meus alunos do Núcleo de Estudos Ambientais da Universidade Federal do Maranhão. Nada tão construtivo quanto a vida acadêmica.

Nota da organização

Caros leitores. A Coleção Estado e Constituição, por nós dirigida, chega ao 13º título publicado. Ao longo deste tempo tivemos a oportunidade de trazer ao público trabalhos de autores brasileiros e estrangeiros que se preocupam com os temas ligados ao Estado e ao constitucionalismo em suas diversas facetas e perspectivas. O viés crítico-reflexivo tem marcado as análises propostas para os diversos assuntos aqui tratados. Com isso, oportunizamos aos leitores a possibilidade de enfrentar algumas das questões emergentes relativas às circunstâncias que envolvem as instituições político-jurídicas modernas mais expressivas.

Agora, Ney de Barros Bello Filho, Juiz Federal e professor universitário no Maranhão, recoloca em pauta o debate acerca dos direitos fundamentais, focando a *questão ambiental* em seus diversos aspectos.

Ora, por certo que este se coloca como uma discussão prioritária, seja pela perspectiva constitucional, como aqui adotada, onde o direito fundamental ao ambiente ecologicamente equilibrado incorpora um conjunto de circunstâncias novas, pela própria incorporação de uma nova dimensão dos direitos humanos, bem como pela introdução de uma perspectiva intertemporal, quando incorpora a perspectiva das gerações futuras como destinatárias da previsão constitucional. De outro lado, embora não seja este o objeto do trabalho, a *questão ambiental* como um dilema que sugere que os limites peculiares ao Estado Nacional – territorial – já não comporta, sequer suporta, o enfrentamento da mesma.

Portanto, tratar do tema ambiental significa enfrentar um questionamento que não se circunscreve aos estreitos espaços dos mecanismos regulatórios modernos, impondo-se aos juristas como uma tarefa de compromisso com as presentes e futuras gerações.

Por isso, poder incorporar à essa Coleção as reflexões de Ney Bello, como comumente o chamamos, significa referendar o comprometimento com a construção de uma sociedade melhor, mais justa e solidária, contando, desde sempre, com a parceria da Livraria do Advogado Editora, a quem agradecemos.

Prof. Dr. Jose Luis Bolzan de Morais
Diretor e organizador da Coleção

Sumário

1. A função dos direitos fundamentais na pós-modernidade............11

2. O direito fundamental ao ambiente na Constituição Federal de 1988...16

3. O enunciado normativo protetivo do ambiente..........................27

4. Dimensão objetiva e subjetiva da norma de direito fundamental expressa no artigo 225 da CF/88..42

5. Conceito e estrutura do direito fundamental ao ambiente.............54

6. As restrições ao direito fundamental ao ambiente.......................61

7. Eficácia do direito fundamental ao ambiente ecologicamente equilibrado nas relações entre particulares...............................68

8. As garantias do direito fundamental ao ambiente.......................74

9. Conclusões...77

Bibliografia..81

1. A função dos direitos fundamentais na pós-modernidade

Os direitos fundamentais são categorias dogmáticas[1] [2] e, além disso, garantias contramajoritárias. Em outras palavras, são elementos que compõem um sistema de direito aplicável aos casos concretos e funcionam como respostas concretas do próprio sistema. Tais direitos são acessíveis a todos, inclusive à minoria, e são aplicados e reafirmados nas decisões judiciais ainda que a maioria, representada pelo legislador, a eles se oponha.

Isto implica dizer que não é possível utilizar-se da expressão *direitos fundamentais* fora da dogmática. É possível reconhecer a utilidade de direitos fundamentais nos dias atuais, mais para tanto será necessário utilizar-se de uma estrutura moderna, embora na pós-modernidade.

A dogmática tem diversas funções.[3] A primeira delas é a de estabilizar o conhecimento, garantindo a certeza do próprio direito. O direito para viger necessita ser certo e seguro, mesmo que a base social na qual ele deva ser apli-

---

[1] Cf. CANOTILHO, J. J. Gomes. *Direito constitucional e teoria da constituição*. 6. ed. Coimbra: Almedina, 2003, p. 1239.

[2] ALEXY, Robert. *Teoria de los derechos fundamentales*. Madrid: Centro de Estudios Constitucionales. 1997, p. 28.

[3] LUHMANN, Niklas. *Legitimação pelo procedimento*. Brasília: UNB, 1980; LUHMANN, Niklas. *Sistema jurídico y dogmática jurídica*. Madrid: Centro de Estudios Constitucionales, 1983; FERRAZ JR, Tercio Sampaio. *Função social da dogmática jurídica*. São Paulo: Forense, 1978; ALEXY, Robert. *Teoria dell' argomentazione giuridica*. Milano: Dott. A. Giuffrè Editore, 1998.

cado seja caracterizada pela incerteza e pela insegurança. Embora os tempos atuais se caracterizem pela incerteza, é com a segurança do direito que se enfrenta a indefinição própria da pós-modernidade.

Isto é de extrema importância quando se trata de encontrar alguma função para o direito fundamental ao ambiente sadio e ecologicamente equilibrado na construção do direito ambiental das mudanças climáticas. As alterações do clima trazem consigo profundas incertezas, inclusive científicas acerca de suas causas e origens, razão pela qual é importante que se possa conduzir a resolução de conflitos ambientais ou a limitação de atitudes com base em uma dosagem mínima de certeza e segurança. O direito ao ambiente não pode ser refém da relatividade, ou da ausência de unanimidade científica.

Há também uma dosagem de racionalidade na dogmática[4] que vem como consequência do seu estofo moderno. A dogmática é racional e, como construção da razão, ela é moderna. Ela não pode ser compreendida fora da modernidade.

Esta certeza legitimadora do discurso e esta racionalidade, que são características da modernidade, não podem ser deixadas de lado na pós-modernidade. O direito não pode se tornar antimoderno pelo fato de reconhecer modificações estruturais na sociedade.

A constatação que permite chamar a sociedade contemporânea de sociedade pós-moderna não pode justificar a negação da razão e nem a relativização do direito ao ponto de permitir a ideia de uma norma jurídica "incerta". A segurança do direito não significa perpetuidade,[5] e o direi-

---

[4] FERRAZ JR, Tercio Sampaio. *Função social da dogmática jurídica.* São Paulo: Forense, 1978, p. 98.

[5] ALEXY, Robert. *Teoria dell' argomentazione giuridica.* Milano: Dott. A. Giuffrè Editore, 1998. p. 136.

to estabelece o limite do possível, ou, em outras palavras, as condições do juridicamente possível.[6]

A dogmática dos direitos fundamentais tem o papel de aumentar, em razão da sua operatividade prática, as hipóteses de reconhecimento destes mesmos direitos, cumprindo a sua função de aumentar o universo normativo a partir do processamento dos dados de entrada.[7]

O direito ambiental das mudanças climáticas não pode ser relativo, sob pena de ser contradogmático, ineficaz e inaplicável. Não é possível imaginar um sistema jurídico apto a coibir atitudes agressoras ao ambiente fora da sua compreensão sistêmica e dogmática.

A dogmática dos direitos fundamentais também é responsável pelo progresso dela mesma e pela visão que a sociedade possui do rol de direitos fundamentais. A equalização e o reconhecimento de direitos fundamentais, e seu reconhecimento no bojo de uma efetiva atividade de aplicação do direito, delineia o âmbito de possibilidade jurídica, criando uma esfera do possível no que se refere à realização de direitos fundamentais. Em outras palavras, estabelece limites de possibilidades jurídicas para a afirmação de direitos fundamentais.

A dogmática funciona como fio condutor de uma interpretação possível, e consequentemente como o momento da descarga[8] de ponderações que foram realizadas em momento anterior. Isto implica dizer que é no momento da interpretação-aplicação-efetivação que os direitos fundamentais encontram a sua feição concreta.

O Judiciário, ao reconhecer em uma série de decisões qual é a interpretação constitucionalmente adequada para

---

[6] LUHMANN, Niklas. *Legitimação pelo procedimento*. Brasília: UNB, 1980, p. 34.

[7] LUHMAN, Niklas. *Sistema jurídico y dogmática juridica*. Madrid: Centro de Estudios Constitucionales, 1983, p. 27.

[8] ALEXY, Robert. *Teoria dell' argomentazione giuridica*. Milano: Dott. A. Giuffrè Editore, 1998. p. 139.

Direito ao Ambiente

determinado problema que envolva a aplicação de uma garantia contramajoritária, nada mais faz do que estabilizar a solução para este problema exatamente por que dá feição concreta e perene a uma questão de direito fundamental.

Isso implica demonstrar que a correta técnica para a solução de uma questão que envolva direitos é a dogmática. Ela ocupa o espaço de separação entre direito e política, mantendo-se acesa a visão moderna de direito que se desconecta da metafísica. É uma função eminentemente pedagógica,[9] no sentido que demonstra a função do direito fundamental como categoria dogmática.

Outra função de uma dogmática dos direitos fundamentais encontra-se no controle que a aplicação do direito exerce sobre ela. Através da dogmática de direitos fundamentais faz-se a ponte com a ciência política sem perder a racionalidade e sem se afastar da lógica interna do discurso jurídico. As decisões dogmáticas não são isoladas umas das outras e nem tampouco divergentes do contexto político-constitucional. Este equilíbrio somente pode ser construído através dela. Quando se trata de direitos fundamentais vistos como categorias desta natureza, o que se está tratando é de direitos que ligam o mundo jurídico ao mundo político exatamente para mantê-los distintos, mas ligados, e também para manter este equilíbrio baseado na racionalidade.

A dogmática dos direitos fundamentais ainda possui uma função heurística, pois o exercício de aplicação de um direito é ato meramente instrumental. Não tem a função de fim em si mesmo, mas elemento de aplicação de um direito posto pelo sistema jurídico.

Os direitos fundamentais – e de resto todos os direitos – precisam tornar-se efetivos para que deixem os escaninhos da academia e frequentem o dia a dia das pessoas.

---

[9] ANDRADE, Vera Regina Pereira. *Dogmática jurídica*: escorço de sua configuração e identidade. Porto Alegre: Livraria do Advogado, 1996, p. 90.

Somente será possível tratá-los como direitos eficazes se forem compreendidos como parte daquilo que se aplica e é realizado, até porque o grande dilema dos direitos na pós-modernidade não é tanto o seu reconhecimento, mas sua efetividade.[10]

Quando do surgimento dos direitos fundamentais, a sua razão de ser era a natural oposição entre o cidadão e o Estado. Era seu objetivo maior a proteção do hipossuficiente frente à clara força de quem detinha o poder. Na origem, eles eram direitos subjetivos públicos, ou direitos oponíveis pelo cidadão ao Estado.

Isto se justificava em grande parte porque era o Estado o grande agressor da liberdade e qualquer conquista jurídica que se identificasse com as revoluções liberais buscava âncora na defesa do cidadão frente ao Estado. Nos dias atuais, o papel de hipersuficiente que outrora foi do Estado passa a ser das grandes empresas que adquirem existência metafórica através do termo "mercado".

Esta constatação implica a convicção de que os direitos fundamentais na pós-modernidade devem ter a função de proteger os cidadãos não apenas do Estado, mas principalmente de todos os centros que de diversas formas acumulem poder e realizem discursos fortes, cuja tendência seja a subjugação dos mais fracos.

É possível vislumbrar uma novel função para a dogmática dos direitos fundamentais: A função de proteger a todos dos males intrínsecos ao mercado e inerentes ao modo de viver da maioria das pessoas nos dias atuais.

Um destes males, e talvez o que mais largamente esteja sendo difundido, reside no conjunto de atos humanos que causam as modificações no clima da terra.

---

[10] BOBBIO, Norberto. *A era dos direitos*. Rio de Janeiro: Campus, 1992.

2. O direito fundamental ao ambiente na Constituição Federal de 1988

Como já afirmado, os direitos fundamentais são garantias contramajoritárias que se constroem como exercícios de direitos que se revelam possíveis dentro da dogmática. Direitos fundamentais são categorias dogmáticas e possuem toda uma estrutura dogmática que os justifica e fornece as condições necessárias para que se tornem efetivos.

Pensar o direito ao ambiente sadio e ecologicamente equilibrado como um direito fundamental significa vê-lo como uma categoria dogmática a partir do reconhecimento de um enunciado normativo e de uma norma de matriz constitucional.

A proteção ao ambiente ecologicamente equilibrado encontra positivação constitucional no artigo 225 e seus parágrafos da Constituição da República Federativa do Brasil de 1988.[11] Desde a entrada em vigor do texto constitucional, não há mais dúvidas acerca da tutela constitucional do ambiente, e nem dúvidas acerca da realidade positivo-constitucional implicar a especial compreensão do ambiente como um bem constitucionalmente protegido. Também

---

[11] Dentre outros, BARROSO, Luis Roberto. A proteção do meio ambiente na Constituição brasileira. *Arquivos do Ministério da Justiça*. Brasília: Imprensa Nacional, n. 45, 1992, p. 47-80; MACHADO, Paulo Affonso Leme. *Direito ambiental brasileiro*. 8. ed. São Paulo: Malheiros, 2000; SILVA, José Afonso. *Direito ambiental constitucional*. 3. ed. São Paulo: Malheiros, 2000; LEITE, José Rubens Morato e AYALA, Patryck de Araújo. *Direito ambiental na sociedade do risco*. Rio de Janeiro: Forense Universitária, 2002, especialmente p. 125-131.

não há dúvidas sérias acerca do fato de a preservação ambiental ser um valor irradiante para as demais dimensões jurídico-positivas.

Não obstante a clareza do texto e o acolhimento da técnica legislativo-constitucional de positivação das normas atinentes ao ambiente em capítulo próprio, o texto pouco diz acerca da natureza jurídica do postulado e das consequências desta positivação.

As interrogações são muitas, mas poderiam ser sintetizadas desta maneira: a) trata-se de uma norma meramente programática[12] que não gera quaisquer direitos subjetivos individuais ou coletivos? b) cuida-se de uma norma dirigente[13] que obriga – mesmo considerando a separação de

---

[12] MELLO, Celso Antônio Bandeira de. Eficácia das normas constitucionais sobre justiça social. *Revista de Direito Público*, São Paulo: RT, n. 57-58, p. 233-256; ATALIBA, Geraldo. Eficácia jurídica das normas constitucionais e leis complementares. *Revista de Direito Público*, São Paulo: RT, n. 13, p. 35-44; SILVA, Vasco Pereira. Acórdão nº 39/84 do Tribunal Constitucional. Serviço nacional de saúde. Normas constitucionais programáticas. Imposições constitucionais. Inconstitucionalidade. *O Direito*, 1987, p. 397/433; DINIZ, Maria Helena. *A norma constitucional e seus efeitos*. São Paulo: Saraiva, 1989, especialmente p. 103; SILVA, José Afonso. *Aplicabilidade das normas constitucionais*. 3. ed. São Paulo: Malheiros, 1998, especialmente p. 132; BONAVIDES, Paulo. *Curso de direito constitucional*. São Paulo: Malheiros, 13. ed, p. 247; FERREIRA FILHO, Manoel Gonçalves. *Comentários à Constituição brasileira de 1988*, São Paulo: Saraiva, 1990, especialmente p. 7. v. I; CANOTILHO, J. J. Gomes. *Direito constitucional e teoria da Constituição*. 6. ed. Coimbra: Almedina, especialmente p. 1162; BOROWSKI, Martin. *La estructura de los derechos fundamentales*. Bogotá: Universidade Externado de Colômbia, 2003, especialmente p. 61-63; BARROSO, Luís Roberto. *Interpretação e aplicação da Constituição:* fundamentos de uma dogmática constitucional transformadora. São Paulo: Saraiva, 1996; GRAU, Eros Roberto. A Constituição brasileira e as normas programáticas. *Revista de Direito Constitucional e Ciência Política*, Rio de Janeiro: Forense, n. 4; PIMENTA, Paulo Roberto Lyrio. *Eficácia e aplicabilidade das normas constitucionais programáticas*, São Paulo: Max Limonad, 1999; FERRARI, Regina Maria Macedo Nery. *Normas constitucionais programáticas:* normatividade, operatividade e efetividade. São Paulo: RT, 2001.

[13] O sentido de norma dirigente utilizado no texto não é sinônimo de norma programática, mas sim de norma que, embora possuindo um programa, ou constituindo-se em uma norma tarefa, obriga o Legislativo a concretizar seu conteúdo, possuindo o efeito de dirigir a produção de normas infraconstitucionais para uma determinada direção que se constitui naquela indicada pelo constituinte ori-

---

Direito ao Ambiente

Poderes – o Poder Legislativo a elaborar leis que tornem efetivo este direito e a proteção anunciada ao bem jurídico ambiente? c) representa apenas a positivação de um valor jurídico?

Para contribuir com a tutela do ambiente em tempos de mudanças climáticas radicais, muito pouco podem fazer as concepções mencionadas. Se a positivação constitucional do ambiente significar apenas uma norma programática ineficaz, uma norma endereçada ao legislador, ou um valor que não implica obrigação ou dever, não haverá qualquer modificação significativa decorrente da existência de um direito fundamental ao ambiente, e de um direito ambiental das mudanças climáticas. Por esta razão, há de se compreender que são hipóteses de compreensão que, metajuridicamente, poderiam ser taxadas de linhas argumentativas fracas.

Mas existem outras hipóteses de compreensão.

É razoável imaginar que se trata de uma norma jurídica de direito fundamental de eficácia objetiva ou que se trata de uma norma jurídica de direito fundamental de eficácia objetiva e subjetiva.

Ambas as hipóteses acarretam em linhas argumentativas fortes – para diferenciar das fracas já mencionadas – e estão baseadas na percepção de que se trata de um enunciado normativo de direito fundamental[14] que contém uma norma de direito fundamental atributiva ou não de um direito subjetivo.

No caso de se tratar de norma atributiva de direito subjetivo, há a possibilidade de haver provimento judicial

---

ginário. Cf. CANOTILHO, J. J. Gomes. *Constituição dirigente e vinculação do legislador:* contributo para a compreensão das normas constitucionais programáticas. 2. ed. Lisboa: Coimbra, 2001.

[14] Para a diferenciação entre enunciado normativo de direito funedamental e norma de direito fundamental, Cf. ALEXY, Robert. *Teoria de los derechos fundamentales.* Madrid: Centro de Estudios Constitucionales, 1995, p. 50-55.

decorrente da busca da satisfação do direito atribuído por ela a qualquer legitimado.

Na primeira hipótese, seria o caso de uma norma de direito fundamental a gerar efeitos objetivos, ou uma norma de direito fundamental de eficácia meramente objetiva.[15] Isto justificaria deveres constitucionais[16] (ou fundamentais) ambientais, e não direitos fundamentais ambientais decorrentes do enunciado normativo do artigo 225.

A segunda opção seria aceitar que o enunciado normativo do artigo 225 da CF/1988 atribui a um titular legitimado um direito subjetivo fundamental ao ambiente, no todo judicializável, sem a necessidade de atribuição infraconstitucional de uma posição jurídica correspondente a uma obrigação contraposta. Neste caso, haveria um direito fundamental fora do catálogo que não se afigura simplesmente como uma liberdade ou uma garantia, e nem seria apenas uma prestação do Estado Social. Seria algo como um direito fundamental de terceira geração[17] de contornos imprecisos, o que não dispensaria também uma dimensão objetiva que irradiasse deveres fundamentais.

A compreensão do enunciado normativo do artigo 225 da CF/88 como uma norma de cunho programático – desde que aceito o conceito e a existência de normas desta

---

[15] Sobre a dimensão objetiva das normas de direitos fundamentais, Cf. SARLET, Ingo Wolfgang. *A eficácia dos direitos fundamentais*. 3. ed. Porto Alegre: Livraria do Advogado, 2003, p.145-215; ANDRADE, José Carlos Vieira. *Os direitos fundamentais na Constituição portuguesa de 1976*. 2. ed. Coimbra: Almedina, 2001, p.138-155; NOVAIS, Jorge Reis. *As restrições aos direitos fundamentais não expressamente autorizadas pela Constituição*. Lisboa: Coimbra Editora, 2003, p. 59-95; SARMENTO, Daniel. *Direitos fundamentais e relações privadas*. Rio de Janeiro: Lumen Juris, 2004, especialmente p. 133 a 173.

[16] Acerca da diferenciação entre direitos e deveres constitucionais, e/ou fundamentais, Cf. CANOTILHO, J. J. Gomes. *Direito constitucional e teoria da Constituição*. 6. ed. Coimbra: Almedina, 2003, p. 377-537, especialmente p. 377, 527 e 530.

[17] Reconhecendo tratar-se de direito fundamental de 3ª geração ou 3ª dimensão, no Brasil, dentre muito, BONAVIDES, Paulo. *Curso de direito constitucional*. São Paulo: Malheiros, 13. ed, p. 569, e SARLET, Ingo Wolfgang. *A eficácia dos direitos fundamentais*. 3. ed. Porto Alegre: Livraria do Advogado, 2003, p. 54.

Direito ao Ambiente

natureza[18] – impõe uma solução teórica mais simples, mas traria como consequência repercussões gravíssimas para a proteção do bem jurídico "ambiente".

A compreensão do texto como mero *standard* jurídico, no todo carente de normatividade, causa um déficit na realização da proteção ambiental, o que joga em desfavor da aceitação desta concepção se o objetivo é uma solução dogmático-jurídico-constitucional apta a uma preservação mais eficaz do bem jurídico e coibir atos que acarretem em mudanças significativas do clima. A opção pela ausência de normatividade do artigo 225 da Constituição Federal reduziria a norma constitucional a mero dispositivo carente de efetividade.

A ideia de uma norma que impõe ao legislador uma determinada conduta – *ipso facto* a de proteger o ambiente – tem se revelado carente de efeitos concretos. Duas barreiras se demonstraram intransponíveis: a ausência de único de sentido para o texto constitucional que permita o direcionamento do Poder Legislativo; e a independência do legislador no Estado democrático de direito. Ambos os argumentos impedem a redução das margens de escolha, e o cumprimento do programa constitucional.[19]

---

[18] Importante deixar claro o que se denomina de norma constitucional programática. O termo é aqui utilizado para fazer referência a um tal tipo de normas que tiveram seu apogeu no constitucionalismo de Weimar. São normas que insculpem um programa e que não trazem vinculatividade e – por isso – melhor é chamá-las de enunciados normativos programáticos. Embora grande parte da doutrina defenda a existência de um tipo de norma programática plena de vinculatividade e força normativa, não é deste conceito que se trata aqui. Sobre a "morte" das normas programáticas no sentido do constitucionalismo de Weimar, Cf. CANOTILHO, J. J. Gomes. *Direito constitucional e teoria da Constituição*. 6. ed. Coimbra: Almedina, 2003, p. 1162.

[19] No sentido de reconhecer tais problemas para a concepção da Constituição dirigente, e mais ainda, no sentido de perceber um déficit espistêmico de programaticidade, além de um vício que denomina de má utopia do sujeito projetante, Cf. o prefácio à 2. ed. de CANOTILHO, J. J. Gomes. *Constituição dirigente e vinculação do legislador:* contributo para a compreensão das normas constitucionais programáticas. 2. ed. Lisboa: Coimbra Ed, 2001, p. 5 a 30.

Desta maneira, as compreensões da norma constitucional como meramente programática ou meramente diretiva do legislador infraconstitucional[20] têm obtido como resposta a não serventia da norma, como instrumento de proteção do bem jurídico ao qual ela tem a intenção de proteger.

Não poderia ser diferente, pois o bem constitucionalmente protegido estaria "desprotegido" em razão da inoperância de tais programas. O direcionamento ou a vinculação do legislador às normas programáticas tem se revelado inviáveis no plano prático.

Tampouco conceber a norma ínsita ao artigo 225 da CF/88 como o lócus da positivação de um valor responde satisfatoriamente à questão. Obviamente em quaisquer compreensões possíveis a existência do valor jurídico "preservação ambiental" está posta, mas a redução ou limitação da amplitude da norma a este único aspecto não se afigura a mais correta.

É que, na qualidade de valor jurídico, a preservação ambiental teria efetividade bem mais reduzida do que se a questão se resumisse à possibilidade de eficácia objetiva ou subjetiva da norma. Em ambos os casos, o artigo 225 cristaliza um valor, mas deste valor devem decorrer deveres ou deveres e direitos.

Restam então duas compreensões da norma posta pelo enunciado do artigo 225 da CF/88. Ambas tomam-na como um instituto de proteção efetiva a um bem escolhido pelo constituinte originário. A primeira possibilidade é to-

---

[20] Toda norma tem um âmbito de programaticidade e propõem um conjunto de tarefas. A norma expressa pelo enunciado normativo do artigo 225 da CF/88 assim o é. Entretanto, não se trata de uma norma exclusivamente programática, ou exclusivamente dirigente – com capacidade de impor tarefas ao Legislativo. Trata-se de uma norma com dimensão objetiva e subjetiva que ao revés de apresentar um programa – ou impor deveres ao Legislativo, preserva ambas as funções, agregando a estas duas demais efeitos, objetivos e consequências da atribuição de um direito subjetivo.

Direito ao Ambiente

mar o enunciado normativo como atributivo de um direito subjetivo fundamental,[21] e a segunda é tomá-lo como uma norma de direito fundamental não atributiva de um direito subjetivo, mas possuidora de dimensão objetiva de uma norma de direito fundamental.[22]

Em outras palavras: resta conceber o enunciado normativo do artigo 225 da CF brasileira como uma norma de direito fundamental, e, em seguida, encontrar respostas para a pergunta se é o caso, ou não, de norma de direito fundamental atributiva de direitos fundamentais.

Ambas as concepções partem de um lugar comum: as normas de direito fundamental têm eficácia objetiva[23] e impõem deveres aos poderes públicos e à coletividade. Resta responder a questão se tal norma advinda do enunciado normativo do artigo 225 da CF/88 traz consigo, ou não, a atribuição de um direito subjetivo fundamental.

A primeira hipótese implica diversos pressupostos e traz consigo embutidas inúmeras consequências. Um pressuposto latente é o de que existem normas de direitos fundamentais que não atribuem direitos fundamentais e que, não obstante possuam eficácia e programas normativos e vinculem os demais poderes públicos e as entidades privadas, não possuem conteúdo judicializável[24] nos mesmos moldes das normas que criam direitos fundamentais.

---

[21] CANOTILHO, J. J. Gomes. *Estudos sobre direitos fundamentais.* Lisboa: Coimbra Editora, 2004, p.177-189, especialmente p. 184 e 186.

[22] CANOTILHO, J. J. Gomes. Estado constitucional ecológico e democracia sustentada. In: *Estudos em homenagem a José Afonso da Silva.* São Paulo: Malheiros, 2003, p. 101-110, especialmente p. 107.

[23] Sobre o sentido desta dimensão objetiva, especialmente ANDRADE, José Carlos Vieira. *Os direitos fundamentais na Constituição portuguesa de 1976.* 2. ed. Coimbra: Almedina, 2001, p. 138-155.

[24] Uma norma é judicializável quando é vinculante. Ou seja, quando sua vulneração pode ser estabelecida por um Tribunal. Neste sentido, Cf. BOROWSKI, Martin. *La estructura de los derechos fundamentales.* Bogotá: Universidade Externado de Colômbia, 2003, p. 37-38.

Este pressuposto apenas se sustenta se acolhidas forem duas compreensões: a primeira é a de que enunciado normativo e norma são dois institutos distintos,[25] e a segunda é a de que o direito objetivo não é a contrapartida do direito subjetivo, ou vice-versa.

As consequências *a priori* vislumbradas são de duas ordens. A primeira consequência é a percepção do artigo 225 da CF/88 como um enunciado normativo que expressa uma norma de eficácia meramente objetiva.

Ao perceber o pré-falado artigo sob esta base, vê-se que tal norma implica um dever para os Poderes Públicos e para a coletividade. Este dever pode ser exigível judicialmente, muito embora não possa ser objeto de demanda tendo por pressuposto qualquer direito subjetivo.[26] A judicialização de um direito ao ambiente dar-se-ia de forma diferida, como uma cobrança feita pela sociedade em relação às omissões estatais prejudiciais ao ambiente, contributivas das mudanças climáticas e agressoras do bem jurídico constitucionalmente protegido.

Restaria discutir se – no caso brasileiro – a cobrança judicial destas omissões caberia à sociedade ou ao indivíduo, em face do particular ou em face do Estado, e a partir de que instrumento processual. Seria o caso, apenas, de dever fundamental de preservação ambiental, ao invés de direito fundamental ao ambiente.

A segunda consequência desta primeira linha argumentativa é a necessidade do enfrentamento de duas questões que se encontram também no caminho da constatação da norma constitucional como atributiva de direitos subjetivos: O comando normativo do artigo 225 submete-se às

---

[25] ALEXY, Robert. *Teoria de los derechos fundamentales*. Madrid: Centro de Estudios Constitucionales, 1995, p. 50 e ss.

[26] A questão fulcral repousa em saber se o direito ao ambiente constitucionalmente posto refere-se a uma pauta de direitos, no sentido da busca de sua realização através de ações judiciais, ou se se refere a uma pauta de deveres e obrigações de natureza ampla.

Direito ao Ambiente

restrições quando da colisão com outros direitos ou outras normas de dimensão meramente objetiva do texto constitucional que protegem outros bens e valores?[27] E a outra questão: Qual o efeito de irradiação horizontal que tais normas geram para outros ramos do direito?[28] Dito de outro modo, qual o âmbito da eficácia perante terceiros das normas de direitos fundamentais não atributivas de direitos subjetivos e qual sua amplitude?[29]

Estas duas últimas questões também hão de fazer parte do glossário léxico-jurídico que surge da segunda alternativa.

Da segunda hipótese, várias consequências se impõem: a primeira delas reside no fato de que, para perceber do artigo 225 da CF/88 a expressão de norma atributiva de direito fundamental, faz-se mister conceituar tal direito fundamental no intento de saber se os elementos constitutivos de tal conceito permitem ou não tratar o artigo mencionado como atributivo de um tal.

Já surgiu como pressuposto da dualidade argumentativa apresentada a constatação de que há normas de direito fundamental que não atribuem um direito fundamental a um titular. Resta como consequência definir do que se fala quando se fala em direito subjetivo e quais os requisitos que fazem deste mesmo direito subjetivo um direito sub-

---

[27] Acerca destas restrições aos Direitos Fundamentais veja-se BOROWSKI, Martin. *La estructura de los derechos fundamentales.* Bogotá: Universidade Externado de Colômbia, 2003, especialmente p. 65-107; ALEXY, Robert. *Teoría de los derechos fundamentales.* Madrid: Centro de Estudios Constitucionales, 1995, especialmente p. 267-331, e, por todos, NOVAIS, Jorge Reis. *As restrições aos direitos fundamentais não expressamente autorizadas pela Constituição.* Lisboa: Coimbra Editora, 2003.

[28] CANARIS, Claus-Wilhelm Canaris. *Direitos fundamentais e direito privado.* Lisboa: Almedina, 2003, p. 19.

[29] CANOTILHO, J. J. Gomes. Civilização do direito constitucional ou constitucionalização do direito civil? a eficácia dos direitos fundamentais na ordem jurídico-civil no contexto do direito pós-moderno. In: *Estudos em homenagem a Paulo Bonavides.* São Paulo: Malheiros, p. 109.

jetivo fundamental.[30] Quais os elementos caracterizadores formais e matérias que fazem de um direito subjetivo um direito fundamental, e como tais direitos se comportam dentre as possibilidades de um sistema de regras e princípios.

A seguinte consequência será estabelecer um teste de fundamentalidade que permita checar a norma do artigo 225 com o conceito formal e material de direito fundamental para perceber se é caso ou não de um direito subjetivo de caráter fundamental.

Acaso o teste de fundamentalidade indique a plausibilidade da tese, é obrigatório resolver as mesmas duas questões atinentes à outra linha argumentativa primeiramente explorada. Como se comporta o direito fundamental ao ambiente em razão dos inúmeros confrontos com outros direitos fundamentais e outros bens jurídicos constitucionalmente protegidos?

E a segunda interrogação: Qual a amplitude do efeito de irradiação horizontal (eficácia perante terceiros) do direito fundamental ao ambiente? Quais os seus contornos em interface com o direito privado?

Por fim, se a tese de que o artigo 225 da CF/88 estabelece um direito fundamental ao ambiente permitir sustentação teórica dentro de uma estrutura dogmática razoavelmente coerente, outra consequência surgirá: a necessária demonstração de quais os instrumentos constitucionais e legais aptos à garantia deste mesmo direito fundamental no âmbito da jurisdição.

Se como uma característica da fundamentalidade do direito ao ambiente surge a sua judiciabilidade,[31] natural

---

[30] A clássica concepção de direitos fundamentais os toma como direitos subjetivos públicos, na esteira do pensamento de Jellinek. A discussão acerca da possibilidade de os direitos fundamentais se caracterizarem por algo diferente que os permita serem utilizados por particulares em relações uns contra os outros deve ser buscada desde uma definição do que sejam direitos subjetivos.

[31] BOROWSKI, Martin. *La estructura de los derechos fundamentales*. Bogotá: Universidad Externado de Colômbia. 2003, p. 42.

Direito ao Ambiente

que qualquer teoria que argumente a sua operatividade proponha um rol de possibilidades processuais de defesa do conteúdo deste direito fundamental, e do bem constitucionalmente protegido em juízo.[32]

A consequência natural de um direito fundamental ao ambiente sadio e ecologicamente equilibrado é que ele possa ser tutelado mediante decisões judiciais as quais se socorrem os particulares e a sociedade civil em busca da concretização de seu direito, com a consequente redução da prática de atos que contribuam para as mudanças climáticas.

A tese segundo a qual o direito ao ambiente atribuído pela norma expressa no artigo 225 e seus parágrafos da CF/88 é um direito fundamental não é consensual. Tampouco é inútil. Mas a sua comprovação carece de pressupostos e de comprovações no interior da dogmática[33] que são fruto de longo e extenso caminho argumentativo. O sentido deste pequeno escrito é apenas o de levantar problemas, e contribuir com a marcha rumo a uma solução contemporaneamente adequada.

---

[32] Cf. MIRRA, Álvaro Luiz Valerry. *L´action civile publique du droit brésilien et la reparation dudommage causé à l´evironnement*. Estrasburgo, França. Dissertação de Mestrado apresentada junto à Faculdade de Direito de Estrasburgo, 1997; BENJAMIN, Antônio Hermann de V. A insurreição da aldeia global contra o processo civil clássico. In: *Textos, ambiente e consumo*. Lisboa: Centro de Estudos Judiciários, 1996, v. 1, p. 277-351.

[33] A dogmática a que se faz referência aqui esta pautada no modelo Ralf Dreier – Robert Alexy, e a toma como estrutura tridimensional composta de três atividades ou dimensões: A dimensão empírica, a dimensão normativa e a dimensão analítica. A dimensão empírica revela-se através dos textos legais, dos fatos e das decisões judiciais. A dimensão analítica demonstra-se a partir dos conceitos da doutrina que dão clareza interpretativa aos fatos, e a dimensão normativa diz com o espaço para o embate argumentativo que dá sentido aos conceitos e aos dados empíricos. Qualquer atividade dogmática apenas pode se revelar a partir destas três dimensões que terminam por compor um conhecimento científico--jurídico. Cf. DREIER, Ralf. *Derecho y justicia*. Santa Fé de Bogotá: Themis, 1994; ALEXY, Robert. *Teoria dell' argomentazione giuridica*. Milano: Dott. A. Giufferé Editore, 1998.

3. O enunciado normativo protetivo do ambiente

A constitucionalização do ambiente como bem jurídico e como valor irradiante para toda a ordem jurídica brasileira, e também como princípio determinante de deveres para a coletividade e para o Poder Público vem prevista no pré-falado artigo 225 da CF/88 e com a seguinte redação: *Todos têm direito ao meio ambiente ecologicamente equilibrado, bem de uso comum do povo e essencial à sadia qualidade de vida, impondo-se ao Poder Público e à coletividade o dever de defendê-lo e preservá-lo para as presentes e futuras gerações.*

O enunciado normativo do artigo 225 estabelece uma norma jurídica que joga a função dogmática de significado do texto. O enunciado também é um enunciado deôntico, na medida em que estabelece o dever de defender e preservar o meio ambiente à coletividade e ao Poder Público. Dito de outra maneira, o enunciado normativo estabelece algo que *deve ser o caso* e, portanto estabelece uma norma jurídica de dever ser.[34]

Se aceitássemos um sentido fraco para o enunciado normativo do artigo 225 da CF/88, teríamos de aceitar que não há norma correspondente ao enunciado normativo, mas mera declaração de intenções. Ao tomar o enunciado normativo como uma norma programática, ou como mero

---

[34] O que diferencia uma norma ética de uma norma técnica é a diferença entre a perspectiva descritiva e a prescritiva, portanto, ser uma norma de dever ser é da essência das normas éticas. Não se trata de um *plus,* mas um pressuposto da própria norma.

Direito ao Ambiente

valor – aceitando que o enunciado estabelece a mera intenção do constituinte de ver o ambiente preservado, refletindo um valor em voga ao tempo da redação do texto constitucional –, a normatividade seria substituída pela mera exortação dos Poderes Públicos e da coletividade.[35]

Neste sentido fraco, o enunciado normativo emitiria mero *standard* jurídico, exortação moral, declarações, promessas ou determinação ao legislador. Mero valor ou programa futuro de força duvidosa e carente de qualquer judiciabilidade. Do texto não adviria uma norma, mas mero planejamento.

É questionável a existência de um tipo de enunciado normativo constitucional que nega o próprio conceito de enunciado deôntico[36] e que não estabelece nenhuma norma jurídica – compreendido o conceito de norma no sentido de imposição de um dever ser determinado por sua força intrínseca.

A norma programática (neste sentido melhor seria chamá-lo de enunciado normativo programático) substitui o conceito de norma pelo conceito de declaração, estabelece a categoria de indicativos para a normatividade futura e abandona a força normativa do enunciado normativo constitucional, criando uma hipótese meramente declaratória. É no todo incoerente a concepção de enunciados normativos dos quais não advenham quaisquer normas.

A existência de uma norma constitucional programática não sobrevive às tendências contemporâneas da teoria da Constituição, já que a normatividade – com sentido de obrigatoriedade que gera a vinculatividade dos Poderes

---

[35] BOROWSKI, Martin. *La estructura de los derechos fundamentales*. Bogotá: Universidade Externado de Colômbia, 2003, p. 62.

[36] Idem, p. 63.

Públicos e da coletividade – é a característica mais expressiva de um mandamento constitucional.[37]

Dito de outro modo, apenas com a previsão de normas constitucionais que possam vincular os Poderes Públicos e a coletividade – e que tenham força normativa plena – é possível estabelecer um papel hierarquicamente superior para a Constituição. É o próprio princípio da supremacia da Constituição que entra em xeque com as normas constitucionais programáticas.

Se tal não fosse assim, a compreensão do artigo constitucional preservativo do ambiente ecologicamente equilibrado ficaria restrita a mera exortação da coletividade e dos Poderes Públicos para a preservação dos valores ambientais. Não haveria qualquer vinculação do legislador ou do Estado, mas apenas a constitucionalização de uma declaração exortativa recheada de bons presságios ou de meras intenções benevolentes. Não é assim!

Não é este o sentido (e por isso aqui é dito sentido fraco) do enunciado normativo do artigo 225, uma vez que não se constitui em norma programática, em razão de estar apto a realizar e a exercer sua força vinculante como expressão da sua força normativa intrínseca.

Em outro sentido, também dito fraco, porém mais forte que o anterior, a força normativa do artigo 225 da CF/88 resumir-se-ia à vinculação do legislador. A norma teria o sentido de dirigir as atuações legislativas, trabalhando como um programa constitucional que se reporta à atuação do Estado – através do Poder legislativo – em relação ao bem jurídico ambiente. A norma estaria associada à ideia de programa dirigente, imerso em um conceito de Constituição dirigente.[38]

---

[37] CANOTILHO, J. J. Gomes. *Direito constitucional e teoria da Constituição*. 6. ed. Coimbra: Almedina, p. 1162.

[38] Sobre o conceito de Constituição dirigente Cf. CANOTILHO, J. J. Gomes. *Constituição dirigente e vinculação do legislador*: contributo para a compreensão das nor-

Na Constituição Federal brasileira de 1988, não é possível identificar um plano de ação estatal, ou um modelo de Constituição que indique uma direção única e uma linha de atuação a ser seguida pela sociedade e pelos Poderes Públicos.[39] A pluralidade de compreensões do fenômeno constitucional e a hipercomplexidade dos espaços sociais que ela rege impedem qualquer compreensão unívoca dos enunciados normativos nela contidos. Torna-se impossível compreendê-los como expressão de um programa único, ou justificá-los com base em uma teoria consensual acerca do sentido e do objetivo do texto constitucional.[40]

Não é possível conceber a Constituição unicamente sob pré-compreensões liberais, nem sob pré-compreensões sociais ou democráticas. Nem interpretar seu conteúdo desde um pensar institucionalista ou axiológico. Toda a gama de tensões entre as três concepções político-normativas, com o acréscimo de novos *topoi* fruto da hipercomplexidade do tempo presente, e a tudo somadas algumas tendências socialistas e outras neoliberais fizeram do texto um amálgama de projetos, desejos e concepções que tornam impossível a compreensão de um único programa normativo, e que deixe transparecer alguma compreensão constitucionalmente adequada.[41]

---

mas constitucionais programáticas. 2. ed. Lisboa: Coimbra Ed., 2001. Revendo, ou negando, o conceito e a operatividade da Constituição dirigente, Cf. CANOTILHO, J. J. Gomes. Rever ou romper com a Constituição dirigente? defesa de um constitucionalismo moralmente reflexivo. *Cadernos de Direito Constitucional e Ciência Política,* São Paulo: RT, 1996, n. 15, p 7-17.

[39] SARLET, Ingo Wolfgang. *A eficácia dos direitos fundamentais.* 3. ed. Porto Alegre: Livraria do Advogado, 2003, p. 79.

[40] Acerca das Teorias sobre Direitos Fundamentais, que se constituem em verdadeiras teorias constitucionais, por todos Cf. BÖCKENFÖRD, Ernest-Wolfgang. *Escritos sobre derechos fundamentales.* Baden-Baden: Nomos, 1993.

[41] Em razão da hipercomplexidade da sociedade na qual vigem os textos constitucionais, e em razão de um dinamismo social que torna as constituições dirigentes um tanto tiranas, talvez o mais correto seja realizar um conceito contemporaneamente adequado, ao revés de constitucionalmente adequado. Contemporaneamente adequada seria a Constituição que conseguisse reconhecer a

Não obstante a ausência de um programa normativo-constitucional único, a impossibilidade de fazer valer tal programa, carente de aplicabilidade imediata e de força normativa expressa na judiciabilidade decorrente da vinculatividade, fazem com que a concepção do artigo como programa dirigente revele uma eficácia diminuta.

Neste sentido, a independência dos Poderes e a justificativa da legitimidade dos desígnios da maioria (princípio democrático) sobre a força meramente declarativa de preceitos de baixa normatividade jogam contra a eficácia da vinculatividade de uma norma, compreendida apenas como instrumento de direção e de afirmação de um programa.[42]

A ausência de qualquer dever jurídico, ou de um direito judicializável atribuído por normas constitucionais, transformaria as normas programáticas em meras declarações para o Estado e para a sociedade. Seriam declarações vazias, pois muitas vezes os Poderes estão dispostos a brandirem a bandeira das suas próprias independências contra as disposições constitucionais.

A alegação de que a constituição da geração anterior não pode determinar o modo de viver da geração do presente, e o argumento segundo o qual ao Supremo Tribunal Federal cabe compatibilizar o texto escrito com os dias que correm corroboram com a tese de que tais normas são absolutamente ineficazes.

Esta concepção da natureza do mandamento constitucional que protege o bem jurídico ambiente ecologicamen-

---

hipercomplexidade do tempo presente sem dissolver-se na ausência de juridicidade, e que pudesse significar um aporte na defesa dos hipossuficientes contra o mercado de globalização neoliberal.

[42] Há uma eterna tensão entre democracia e direitos que não pode ser rompida por um jogo de linguagem e nem tampouco por uma intenção revolucionária e popular positivada. A tensão é inerente à sociedade e não se dissolve. Neste sentido, Cf. MOUFFE, Chantal. *La paradoja democrática*. Barcelona: Gedisa, 2003, especialmente p. 40.

te equilibrado revela um resultado similar ao do sentido fraco anteriormente posto (a compreensão enquanto norma programática). No entanto, diz-se sentido menos fraco por que a não operatividade da sua vinculação aos poderes públicos e à coletividade, como norma-dirigente ou norma-programa, não invalida o conceito, e nem a sua compreensão como enunciado normativo que impõe uma conduta a todos, inclusive ao legislador.

A compreensão do enunciado normativo como vetor de um programa normativo-constitucional invalida-se em parte pela dificuldade de se estabelecer qual o programa constitucionalmente posto, dado o pluralismo latente do texto constitucional. Contudo, a ideia permite a compreensão de que alguma diretiva consensual desborda deste pluralismo, permitindo a imposição de obrigações aos poderes constituídos, inclusive o Poder Legislador.

De outro lanço, a independência do Poder Legislativo – que se configura uma *"desobediência aos direitos constitucionais autorizada pelo princípio democrático"* – não invalida a presunção de conformação dos atos legislativos aos preceitos constitucionais. Esta função pode ser resgatada por ambos os sentidos ditos fortes da compreensão possível de tais normas constitucionais.

O dirigismo e o âmbito de programaticidade da norma também estão presentes quando o enunciado normativo do artigo 225 é concebido como fonte de uma norma de direito fundamental de dimensões objetivas e/ou subjetivas, e que são os dois sentidos aqui ditos "sentidos fortes".[43]

---

[43] Toda norma jurídica – por maior razão ainda as normas constitucionais – tem um âmbito de programaticidade e de dirigismo que é latente, e que se coaduna com o próprio conceito de norma, enquanto dever ser, pleno de vinculatividade, hierarquia e judiciabilidade. Afastar as interpretações que tomam o enunciado normativo do artigo 225 como de natureza meramente programática ou meramente vinculante para o legislador não retira o âmbito de programaticidade e o seu efeito de norma vinculante para o legislador. Tal apenas demonstra que a norma é algo mais do que simplesmente norma sobre normas.

Ambos os sentidos fortes partem de dois pressupostos comuns: o primeiro pressuposto é de que o enunciado normativo do artigo 225 é um enunciado normativo de direito fundamental que estabelece uma norma de direito fundamental. O segundo pressuposto, que é consectário do primeiro, é que a norma que surge do enunciado normativo do artigo 225 da CF/88 é autoaplicável e de eficácia plena, o que significa plena normatividade e vinculatividade absoluta.

Estabelecer uma norma de direito fundamental não é o mesmo que estabelecer um direito fundamental. Todas as vezes que há um direito fundamental existe uma norma de direito fundamental que lhe dá suporte, mas nem toda norma de direito fundamental atribui um direito fundamental a alguém.[44] Há uma tríade conceitual que aponta para o vetor *enunciado normativo de direito fundamental* → *norma de direito fundamental* → *direito fundamental*.

O enunciado normativo do artigo 225 da CF/88 é um enunciado normativo de direito fundamental, uma vez que estabelece uma norma de direito fundamental. A constatação aponta para uma pergunta: O que faz com que o enunciado do artigo 225 seja um enunciado de direito fundamental?

A afirmação de que tal enunciado é um enunciado de direito fundamental por que expressa uma norma de direito fundamental, leva a uma tautologia, se admitida a tese de que o que faz da norma jurídica ser uma norma de direito fundamental é também ser justaposta por um enunciado normativo de direito fundamental.

Uma opção teórica para resolver o problema da fundamentalidade das disposições normativas é considerar que apenas as normas que forem decorrentes de enunciados normativos constantes do rol de direitos fundamentais

---

[44] ALEXY, Robert. *Teoria de los derechos fundamentales.* Madrid: Centro de Estudios Constitucionales, 1995, p. 47.

Direito ao Ambiente

expressos na Constituição são consideradas normas de direito fundamental.[45] Disto decorrem dois problemas:

O primeiro deles diz com a possibilidade de se encontrar enunciados normativos que não expressam normas de direitos fundamentais e que – malgrado este dado – encontram-se catalogados nos róis dos artigos que expressam normas de direito fundamental.[46] No caso da CF/88, os artigos 5º, 6º e 7º.

O segundo problema consiste na possibilidade de existirem enunciados normativos que expressam normas de direito fundamental, atributivas ou não de direitos subjetivos fundamentais, dispersas em outras partes do texto constitucional, ou até mesmo fora do texto.[47]

É importante perceber que se trata de uma questão meramente topográfica. O que está em jogo é a possibilidade, ou não, de existirem normas de direitos fundamentais cujos enunciados não indicam tratar-se deste tipo de norma.

Trata-se de uma questão meramente formal que traz consigo toda a carga de ausência de conteúdo material

---

[45] ALEXY, Robert. *Teoria de los derechos fundamentales.* Madrid: Centro de Estudios Constitucionales, 1995, p. 63.

[46] Para MIRANDA, Jorge. *Manual de direito constitucional.* 3. ed. Coimbra: Coimbra Editora, 2000, p. 162 e ss. v. 4, os direitos fundamentais previstos no catálogo são formalmente fundamentais e materialmente fundamentais. Já para CANOTILHO, J.J. Gomes. *Direito constitucional e teoria da Constituição.* 6. ed. Coimbra: Almedina, p. 406, o que existe é uma presunção de fundamentalidade, que indica serem os direitos elencados nos róis de normas constitucionais formalmente fundamentais e materialmente fundamentais; Para ANDRADE, José Carlos Vieira. *Os direitos fundamentais na Constituição portuguesa de 1976.* 2. ed. Coimbra: Almedina, 2001, p. 73, é possível que existam direitos formalmente fundamentais que não sejam materialmente fundamentais.

[47] ANDRADE, José Carlos Vieira. *Os direitos fundamentais na Constituição portuguesa de 1976.* 2. ed. Coimbra: Almedina, 2001, p. 71 e ss; CANOTILHO, J. J. Gomes. *Direito constitucional e teoria da Constituição.* 6. ed. Coimbra: Almedina, p. 404 e ss; MIRANDA, Jorge. *Manual de direito constitucional.* 3. ed. Coimbra: Coimbra Editora, 2000, p. 162 e ss. v. 4; SARLET, Ingo Wolfgang. *A eficácia dos direitos fundamentais.* 3. ed. Porto Alegre: Livraria do Advogado, 2003, p. 86 e ss.

para a constatação da fundamentalidade de uma norma ou de um direito.

A constatação de que são apenas normas de direitos fundamentais aquelas estabelecidas nos róis dos artigos indicativos de direitos retira (ou permite a retirada de) todas as cargas cultural, histórica e racional dos direitos fundamentais. Isto pode soar estranho na medida em que tais conteúdos são atributivos de fundamentalidade material, e não parece razoável deixar apenas para o constituinte a possibilidade de estabelecer as normas de direitos fundamentais sem qualquer sustentação diversa da vontade dos constituintes.[48]

O só fato de ter havido uma inserção de um enunciado normativo por parte do constituinte não pode ter o condão de dotar de tal natureza um privilégio, ou um pretenso direito culturalmente, racionalmente e historicamente não fundamental.

Demais disso, se a possibilidade de existência das normas de direito fundamental limitar-se à previsão formal do rol constitucional, algo estaria malcolocado na estrutura de direito positivo.

É que comprovadamente existem enunciados normativos que estão fora dos róis mencionados e que expressam normas de direitos fundamentais, e isto acarreta na dissolução da tese topográfica meramente formal.

No caso da CF/88, questões essenciais – ou dito de outro modo, normas intuitivamente fundamentais – como o direito à anterioridade tributária, o direito a constituir família, e outros mais (para não citar de logo o direito ao ambiente) ficariam de fora da conceituação de direitos fun-

---

[48] Embora não concordando com a desconsideração da fundamentalidade de normas incluídas nos róis de normas de direitos fundamentais, MIRANDA, Jorge. *Manual de direito constitucional*. 3. ed. Coimbra: Coimbra Editora, 2000, p. 07-51. v. 4, demonstra que ao tratar-se de direitos fundamentais se está a considerar uma construção histórica que tem sua base na evolução natural da espécie humana.

Direito ao Ambiente

35

damentais, se o teste de fundamentalidade aplicado fosse o formal-topográfico.

Os enunciados normativos vetoriais das normas atributivas destes direitos subjetivos estão topograficamente fora dos róis dos artigos 5º, 6º e 7º,[49] o que corrobora desde já a assertiva de que é possível existirem normas de direitos fundamentais expressadas por enunciados normativos fundamentais que estão fora do catálogo constitucional.

Não fora o bastante este argumento, a cláusula de abertura de materialidade, disposta no artigo 5º, § 2º, afirma que os direitos e garantias expressos nesta Constituição não excluem outros decorrentes do regime e dos princípios por ela adotados, ou dos tratados internacionais em que a república federativa do Brasil seja parte.

A cláusula de abertura permite que direitos e garantias sejam encontrados também fora da Constituição, escritos ou não escritos, decorrentes ou implícitos, e também positivados em tratados internacionais. Tal cláusula de abertura, ao permitir a constatação de enunciados normativos fundamentais em outros textos legais – os tratados – e até mesmo não escritos, legitimou, *ipso facto*, a possibilidade de outros enunciados normativos de direitos fundamentais serem encontrados fora dos róis dos mencionados artigos.

Deste modo, a tese de que são apenas enunciados normativos aqueles previstos no rol atributivo de direitos fundamentais dos artigos 5º, 6º, e 7º não tem o alcance que a princípio parece ter.

É preciso trilhar o caminho inverso.

---

[49] O STF, em 15/12/93, no julgamento da ADIN 939/DF, relator Min. Sidney Sanches, e posteriormente no julgamento da ADIN 1.497/DF rel. Min. Carlos Velloso, admitiu que o princípio da anterioridade mencionado no artigo 150, III, "b" da CF/88 é um direito fundamental, e que, portanto, a norma que o atribui é uma norma de direito fundamental. Como consequência, ficam estendidos à norma fixadora da anterioridade tributária os efeitos da norma do artigo 60, § 4º, que torna cláusula pétrea os direitos e garantias individuais.

O que designa o qualificativo de fundamental é a norma, e não o enunciado normativo. Aplicando-se o teste de fundamentalidade segundo o qual a norma que exsurge do enunciado do artigo será uma norma de direito fundamental a partir do reconhecimento de critérios materiais e formais, tem-se um resultado mais razoável.

Ao constatar-se a fundamentalidade da norma constata-se a fundamentalidade do enunciado normativo que a expressa. Se a norma pode ser justificada a partir de tais critérios materiais e formais, ela será uma norma de direito fundamental, e logo o enunciado normativo será também um enunciado de direito fundamental. Dito de outro modo, é a norma de direito fundamental que dá natureza ao enunciado normativo, e não o enunciado normativo que caracteriza a norma.[50]

Acaso a norma que surge do enunciado normativo do artigo 225 seja uma norma de direito fundamental, o enunciado terá igual natureza.

Assim, a questão da natureza da norma expressa pelo enunciado normativo de direito fundamental do artigo 225 da CF/88 põe-se da seguinte forma: o citado enunciado normativo expressa uma norma que responde satisfatoriamente ao teste de fundamentalidade formal e de fundamentalidade material?[51]

---

[50] O enunciado normativo é apenas um item empírico que por si só não se constitui em direito fundamental e não é representativo de uma norma de direito fundamental. È preciso mais que a enunciação legal de um postulado para a caracterização de um direito fundamental. Questões normativas não podem ser resolvidas com espeque apenas no enunciado normativo, e demandam uma outra caracterização que trafega no plano da normatividade expressa pelo enunciado.

[51] Note-se que isto não significa dizer que os direitos fundamentais são apenas direitos atribuídos por uma norma de direito fundamental que é expressa por um enunciado normativo fundamental. A própria constatação de que uma norma é de direito fundamental pressupõem todo o acúmulo da cultura e da história e também um embate de racionalidade que a caracteriza. No entanto, para que possa ser constitucionalmente operativa esta concepção de direito tem de se apoiar em uma teoria dogmática que lhe seja apta á consecução de resultados operativos. A materialidade das normas de direitos fundamentais representa o

Direito ao Ambiente

O teste de formalidade diz com a constatação da inclusão do enunciado normativo no rol explícito de direitos fundamentais, ou de sua decorrência em razão da cláusula de abertura.[52]

A qualidade de norma de direito fundamental vista sob esta perspectiva surge não apenas da sua inserção no catálogo de enunciados normativos que expressam normas de direito fundamental, mas também da decorrência de tais normas dos enunciados normativos dos róis mencionados.

A cláusula de abertura inserida no artigo 5º, § 2º, permite a existência de outros direitos que sejam decorrentes dos enunciados normativos dos róis dos artigos 5º, 6º e 7º e também outros decorrentes do regime e dos princípios adotados pela CF/88.

Isto implica dizer que normas fora do catálogo que forem decorrentes do regime e dos princípios constitucionais serão normas de direitos fundamentais, uma vez que os direitos atribuídos por elas também serão fundamentais.

Neste sentido, o enunciado do artigo 225 da CF/88 é um enunciado normativo de direito fundamental apenas se expressar uma norma que seja de direito fundamental em razão de sua decorrência do regime e dos princípios expressados na Constituição Federal. Se isso ocorrer, o teste de formalidade tem resposta positiva.

O teste de materialidade tem relação com a justificação jusfundamental para a decorrência de tal norma do regime ou dos princípios constitucionais. Se for possível determinar que uma tal norma decorre dos princípios constitucionais ou do regime estabelecido pela Constituição, então o seu conteúdo é fundamental, o enunciado normativo que a

---

elo que liga toda a hiper-complexidade social ao direito, que, por esta razão, nada mais é do que um sistema aberto de regras e princípios.

[52] ALEXY, Robert. *Teoria de los derechos fundamentales*. Madrid: Centro de Estudios Constitucionales, 1995, p. 66.

expressa tem a mesma natureza, e o direito subjetivo que a norma atribui é também um direito fundamental.[53]

A norma jurídica que impõe aos Poderes Públicos e à coletividade o dever de preservar o ambiente ecologicamente equilibrado é decorrente dos princípios constitucionais expressos ou implícitos no texto constitucional.

Não apenas os princípios designados e nominados no artigo 1º da CF/88 – soberania, cidadania, dignidade da pessoa humana, os valores sociais do trabalho e da livre iniciativa e o pluralismo político – compõem a categoria dogmática de princípios.

Há diversos deles dissolvidos no texto como os princípios da legalidade, da igualdade, da liberdade, da anterioridade etc., que também devem ser tomados para a análise desta relação. Todo e qualquer princípio constitucional que possa ser indicado explicitamente ou decorrente de uma justificação de natureza fundamental pode ser utilizado para o efeito de dele decorrerem normas de direitos fundamentais que estabeleçam direitos fundamentais não catalogados nos róis do Título II.[54]

Uma justificação de natureza fundamental será necessária para encartar normas fora do catálogo na categoria de normas de direito fundamental admitindo-se, como ponto

---

[53] O teste de materialidade diz com a consonância entre o conteúdo de uma norma de direitos fundamentais e os princípios constitucionais, sejam eles implícitos ou explícitos. Tal não implica dotar o sistema constitucional de um mote fechado, mas de abrir o sistema – por intermédio das normas-princípio – aos embates da racionalidade e da historicidade.

[54] É possível constatar a existência de um princípio constitucional da proteção do bem ambiente, que rege o Estado Democrático de Direito Ambiental, formatando o Estado Constitucional Ecológico. Um princípio implícito que desborda do artigo 225 da CF/88 e que dá o tom de uma moderna visão constitucional contemporaneamente adequada. Sobre a ideia de Estado Constitucional Ecológico Cf. CANOTILHO, J. J. Gomes. Estado constitucional ecológico e democracia sustentada. In: *Estudos em homenagem a José Afonso da Silva*. São Paulo: Malheiros, 2003, p. 101-110. Entretanto, como visto neste trabalho, o conceito que melhor se adequa ao Estado adjetivado ambientalmente, é o de Estado Democrático de Direitos Ambientais.

de partida, a existência de princípios constitucionais fora do catálogo de princípios do artigo 1[055] e dos quais podem decorrer normas de direito fundamental.

Por esta razão, é possível justificar a natureza fundamental do enunciado normativo do artigo 225 da Constituição Federal, admitindo-se que ele expressa uma norma de direito fundamental que assim o é em razão de ser decorrente dos princípios da igualdade, liberdade e dignidade da pessoa humana. O último constante do catálogo de princípios fundamentais da CF/88, e os dois primeiros insertos no texto fora do catálogo de princípios, mas que nem por isso deixam de ser princípios que fundamentam normas jusfundamentais.

A norma que surge do enunciado normativo do artigo 225, por uma justificação de natureza jusfundamental que a vê apoiada na dignidade da pessoa humana, na liberdade e na igualdade, é norma de direito fundamental.[56]

Tal constatação trabalha no sentido de reconhecer que a única diferenciação entre duas teses nominadas de teses fortes, para explicar o enunciado normativo do artigo 225 da CF/88, diz com a presença, ou ausência, de subjetividade atribuível a um determinado (ou indeterminado?) legitimado. A norma quando atribui um direito fundamental além de norma de direito fundamental com dimensão ob-

---

[55] Existem princípios implícitos ao catálogo de princípios fundamentais, e que mesmo não fazendo parte de um rol designativo de princípios fundamentais deles decorrem direitos fundamentais. É o caso do princípio da proteção ambiental.

[56] A dignidade da pessoa humana é por alguns compreendida como o fundamento único, e último, dos direitos fundamentais, Cf. ANDRADE, José Carlos Vieira. *Os direitos fundamentais na Constituição portuguesa de 1976*. 2. ed. Coimbra: Almedina, 2001, p. 69 e ss. Porém, tal posicionamento somente se justificaria se compreendidos os direitos fundamentais como diretamente e estreitamente vinculados à pessoa humana. O direito ao ambiente não permite direta redução ao princípio da dignidade da pessoa humana, e o seu fundamento material deve residir em outros princípios, como a igualdade e a liberdade, e o próprio princípio da proteção do ambiente.

jetiva passa a ser uma norma de direito fundamental com dimensão subjetiva, e este é o único *plus* diferenciador.

Importante observar a questão referente ao fato de que tais normas têm eficácia plena e aplicabilidade imediata,[57] o que retoma a questão das consequências que a fundamentalidade traz. Por outro lado, o fato de tais normas serem de direito fundamental faz com que sejam normas que irradiam efeitos por todo o ordenamento jurídico, além de trabalharem como garantias contramajoritárias.

O que diferencia a compreensão do enunciado normativo que protege o bem jurídico ambiente como um enunciado jusfundamental daquelas outras que o tomam como simples norma programática ou como norma meramente dirigente é também seus efeitos que, no caso em questão, jogam como garantias contramajoritárias que impedem o exercício abusivo do Legislativo, e se impõem malgrado a inércia daquele Poder.[58]

A afirmação de que o artigo 225 da CF/88 é um enunciado de direito fundamental surge da constatação de que tal enunciado produz uma norma de direito fundamental que pode, ou não, atribuir um direito subjetivo fundamental ao ambiente ecologicamente equilibrado, e que tal norma é de eficácia plena e aplicabilidade imediata.

---

[57] Ou seja, que sobre elas incida a consequência do artigo 5§ 1º da CF/88. Isto pode ser denominado de vinculatividade máxima, que é um *plus* ao conceito de norma de direito fundamental, mas joga o papel de característica dos direitos e garantias individuais e coletivos. Em sentido contrário, vendo na eficácia plena e aplicabilidade imediata um elemento do conceito de direitos fundamentais, *Cf.* SARLET, Ingo Wolfgang. *A eficácia dos direitos fundamentais*. 3. ed. Porto Alegre: Livraria do Advogado, 2003, p. 80.

[58] Ser uma garantia contra-majoritária pode se expressar formalmente ou materialmente. Diz-se formalmente quando sobre tais normas espraiam-se o disposto no artigo 60 § 4 º IV da CF/88, e diz-se de uma garantia contra-majoritária em sentido material quando o só fato de serem normas de direitos fundamentais garantem, implicitamente, a sua postura de cláusulas pétreas, ou limites às atuações do constituinte derivado ou revisor.

Direito ao Ambiente

4. Dimensão objetiva e subjetiva da norma de direito fundamental expressa no artigo 225 da CF/88.[59]

A norma constitucional protetora do ambiente tem uma dimensão objetiva latente, mesmo que seja tomada como norma atributiva de direitos subjetivos. Isto é assim por que as normas de direitos fundamentais sempre têm eficácia objetiva, quer sejam tomadas apenas como normas de efeitos irradiantes de natureza objetiva, quer atribuam direitos subjetivos.

Quando não se concebe a dimensão subjetiva de uma norma de direito fundamental diz-se que esta norma não atribui direitos subjetivos, pois não confere posições subjetivas. A dimensão objetiva apenas permite estabelecer regras e princípios destinados a refletir valores e deveres para a coletividade e o Poder Público, sem com isso atribuir uma posição subjetiva que possa ser o fundamento

---

[59] A dimensão objetiva das normas de direitos fundamentais, ou dos direitos fundamentais, encontra tratamento na doutrina luso-brasileira com diversos trabalhos, dentre eles: SARLET, Ingo Wolfgang. *A Eficácia dos Direitos Fundamentais*, Porto Alegre: Livraria do Advogado, 3ª ed. 2003, p. 217 e ss; ANDRADE, José Carlos Vieira. *Os Direitos Fundamentais na Constituição Portuguesa de 1976*. Coimbra: Almedina, 2ª ed. 2001, p. 109 – 168; SARMENTO, Daniel. *Direitos Fundamentais e Relações Privadas*. Rio de Janeiro: Lumens Jures, 2004, 133-211; NOVAIS, Jorge Reis. *As Restrições aos Direitos Fundamentais não Expressamente Autorizadas pela Constituição*. Lisboa: Coimbra Editora, 2003, p. 59-86; MOTA PINTO, Paulo Cardoso Correia. *A Proteção da Vida Privada e a Constituição*. In Boletim da Faculdade de Direito – Volume Comemorativo, 2003 p. 153-204.

de legitimidade para a satisfação buscada em juízo por um determinado titular.[60]

Pela só dimensão objetiva se estabelece um conjunto de deveres e obrigações do Estado e da coletividade sem que com isso se tenha a correspondente atribuição de direitos aos indivíduos.

Ao invés de atribuir direitos fundamentais, a expressão de uma norma de direito fundamental por um enunciado normativo fundamental gera deveres fundamentais, garantias institucionais ou deveres de proteção, como consequência de sua eficácia objetiva e do seu efeito de irradiação.

São normas vinculantes que impõem deveres, e neste sentido diferenciam-se das normas programáticas que são meros enunciados de intenções. A norma de direito fundamental vincula os sujeitos em termos objetivos, criando um dever objetivo do Estado e também da coletividade. O dado da vinculação é que diferencia a norma programática da norma de direitos fundamentais de dimensão meramente objetiva. Vinculação é a possibilidade de sua vulneração ser estabelecida por um juiz ou Tribunal.[61] As normas programáticas carecem de uma qualquer vinculação.

A Constituição impõe deveres aos Poderes Públicos[62] que se ligam à proteção de bens jurídicos constitucional-

---

[60] Esta possibilidade traduz-se na eficácia horizontal dos direitos fundamentais. Cf. CANOTILHO, J. J. Gomes. Civilização do direito constitucional ou constitucionalização do direito civil? a eficácia dos direitos fundamentais na ordem jurídico-civil no contexto do direito pós-moderno. In: *Estudos em homenagem a Paulo Bonavides*. São Paulo: Malheiros, p. 109 e ss.

[61] BOROWSKI, Martin. *La estructura de los derechos fundamentales*. Bogotá: Universidade Externado de Colômbia. 2003, p. 147.

[62] Esta imposição de deveres não tem como contraposto a atribuição de direitos, razão pela qual é possível falar em dimensão puramente horizontal. Trata-se da dimensão objetiva das normas de direitos fundamentais. Cf. NOVAIS, Jorge Reis. *As restrições aos direitos fundamentais não expressamente autorizadas pela Constituição*. Lisboa: Coimbra Editora, 2003, e SARMENTO, Daniel. *Direitos fundamentais e relações privadas*. Rio de Janeiro: Lumens Iures, 2004, sobre os deveres públicos

mente protegidos, determinando vinculativamente que tais atos sejam praticados, sem com isso investir qualquer sujeito de uma titularidade de direito.

Esta irradiação vai para além do âmbito de uma relação jurídica de direito público – Estado/indivíduo – dando azo a toda uma gama de obrigações e deveres dos particulares direcionados no sentido da preservação e da proteção do bem jurídico constitucionalmente protegido.

A compreensão da norma de direito fundamental como norma de dimensão meramente objetiva, sem atribuição de subjetividade, não implica a sua não judiciabilidade.[63]

Como visto, trata-se de norma vinculante para os Poderes Públicos e para a coletividade, o que nisto se difere das normas programáticas. Por não serem normas atributivas de direitos subjetivos, também não podem ser manuseadas dentro de uma demanda que tenha por base posições jurídicas subjetivas, definidas como direito a algo, uma liberdade ou uma competência.[64]

Este gênero de normas – com dimensão estritamente objetiva – permite a atuação judicial no sentido de declarar a inconstitucionalidade de uma omissão estatal que ofenda o bem jurídico protegido pela norma jurídico-constitucional e que omita um dever de proteção ou atitude de garantia deste bem determinado pela Constituição. Também é possível em casos de ADI quando o Legislativo construir uma norma que ofenda ao bem jurídico

---

Cf. CANOTILHO, J. J. Gomes. *Direito constitucional e teoria da Constituição*. 6. ed. Coimbra: Almedina, p. 527-302.

[63] O fato de uma norma não conter direito subjetivo, mas ter eficácia meramente objetiva não significa que ela não possa ser aplicada por um Tribunal ou que não tenha a ofensa a seu conteúdo sancionada. A não possibilidade de um particular veicular em uma demanda direito de natureza subjetiva não dota esta de significado de um enunciado meramente programático.

[64] Sobre as classificações dos direitos fundamentais Cf. ALEXY, Robert. *Teoria de los derechos e fundamentales.* Madrid: Centro de Estudios Constitucionales, 1995, p. 173 e ss; e BOROWSKI, Martin. *La estructura de los derechos fundamentales.* Bogotá: Universidad Externado de Colômbia. 2003, p. 109 e ss.

definido no artigo 225. Ou seja, muito embora a norma de direito fundamental de dimensão meramente objetiva não atribua direito subjetivo, ela pode ter uma judiciabilidade diferida, na medida em que as incompatibilidades legislativas com o seu preceito impliquem inconstitucionalidades e na medida em que as omissões estatais signifiquem ofensa ao preceito constitucional.

A vinculabilidade permite a judiciabilidade, mas a ausência de direito subjetivo atribuído pela norma impede a postulação de qualquer legitimado. São deveres que podem ser cobrados judicialmente, mas não através da afirmação de direitos subjetivos.

Reconhecer que do enunciado normativo do precitado artigo 225 da CF/88 advém uma norma de direito fundamental que não atribui direito fundamental, mas tão somente estabelece deveres tem a seu favor a redação do próprio artigo que, aparentemente, estabelece deveres, por intermédio da locução *impondo-se ao Poder Público e à coletividade o dever de defendê-lo e preservá-lo para as presentes e futuras gerações*. Contribui para este entendimento também a estrutura vernacular do § 1º, que é impositivo de uma gama de incumbências dispostas em VII incisos.

A uma primeira leitura do artigo é natural uma inclinação à tese de que a norma que surge deste enunciado tem carga meramente objetiva. Mas esta impressão é apenas aparente.

A razão tida como pano de fundo diz com o fato de que uma resposta dogmática a questão se a norma advinda do artigo 225 da CF/88 estabelece ou não um direito subjetivo fundamental ao ambiente ecologicamente equilibrado não pode ser encontrada apenas no plano empírico da dogmática.[65]

---

[65] Questões normativas não podem ser resolvidas com base em dados meramente empíricos. Isto significa dizer que a normatividade do artigo 225 não deflui

Direito ao Ambiente

45

Isto por que a resposta envolve questões conceituais e pressupostos argumentativos que desbordam da dimensão meramente empírica. E tal se revela através das três razões demonstráveis, desde este pressuposto.

A primeira é que o âmbito léxico do enunciado normativo não tem o condão de definir atribuição ou não de um direito subjetivo por parte da norma que surge deste mesmo enunciado. O só fato de a norma fazer expressa alusão à imposição de um dever – e estabelecer em seu parágrafo e incisos vários deveres – não pode implicar o afastamento da possibilidade de se tratar de uma norma atributiva de direito fundamental. A segunda razão é que o próprio texto do enunciado faz referência a que *todos têm direito ao meio ambiente ecologicamente equilibrado*, e que este bem a que todos têm direito é *bem de uso comum do povo*. Demais disso, a própria redação do § 1º que impõe deveres afirmar que tal o faz para *assegurar a efetividade desse direito*. A terceira razão é que a existência de um direito subjetivo atribuído por uma norma de direito fundamental não descarta a dimensão objetiva que é inerente a toda norma de direito fundamental.

Portanto, é natural que uma norma que atribua direitos fundamentais também atribua deveres e obrigações correlatas ou autônomas, sem que com isso se desqualifique a possibilidade de se tratar de uma norma que atributiva de direitos subjetivos.[66]

---

exclusivamente do enunciado normativo Cf. ALEXY, Robert. *Teoria de los derechos fundamentales.* Madrid: Centro de Estudios Constitucionales, 1995, p. 52.

[66] Existem determinadas obrigações que são o outro lado da moeda do direito, e que se constituem no dever correlato de um direito. Neste sentido, deveres fundamentais são as consequências advindas de um direito fundamental. No entanto, existem obrigações ditas fundamentais que não se constituem em obrigações correlatas, mas sim em obrigações autônomas, e que se põem por normas jurídicas independentemente de estas normas atribuírem quaisquer direitos. Normas de direitos fundamentais de eficácia meramente objetiva são aquelas que estabelecem deveres fundamentais autônomos, cuja norma não atribui qualquer direito de natureza subjetiva ao cumprimento do dever imposto. Neste sentido,

Desta forma, de uma simples leitura do artigo 225 não é possível perceber qualquer opção da Constituição pelo estabelecimento de uma norma de direito fundamental com ou sem atribuição de direito subjetivo fundamental ao ambiente.

A escolha entre uma dimensão meramente objetiva e objetiva/subjetiva não pode se dar a partir de critérios léxicos, como visto, e nem a partir da demonstração da intenção do constituinte originário, que seria outro critério empírico. Neste último caso, tal não se dá em razão da autonomia que adquire o texto constitucional e da sua independência em relação aos sujeitos redatores, e, mais que isso, em razão da impossibilidade de aquilatar a verdadeira intenção em voga à época da constituinte.[67]

O reconhecimento – *a priori* – da dimensão meramente objetiva da norma traz consigo consequências de toda ordem.

Em primeiro lugar não haveria titulares de direitos constitucionais ambientais a opô-los em face do Poder Público ou em face de particulares. A titularidade teria sustentáculo infraconstitucional com base nos direitos de vizinhança, de propriedade ou outros atribuíveis pela legislação. Isto implica na impossibilidade de uma demanda judicial proposta por um indivíduo ou coletividade com base exclusivamente no conteúdo vinculante da norma expressa pelo enunciado do artigo 225.

Cf. CANOTILHO, J. J. Gomes. *Direito constitucional e teoria da Constituição.* 6ª ed. Coimbra: Almedina, 2003, especialmente p. 528-532.

[67] A Constituição é um texto que dialoga com o tempo e com a pluralidade de sujeitos no universo hiper-complexo da sociedade. Por tal razão, é um texto aberto, onde o sentimento originário pouco conta, e o texto é apenas um dado a ser computado no amálgama de intenções constitutivas do sentido de Constituição. Neste sentido, Cf. BELLO FILHO, Ney. *Sistema constitucional aberto:* teoria do conhecimento e da interpretação do espaço constitucional. Belo Horizonte: Del Rey, 2003.

Em segundo lugar, os deveres de proteção, as atribuições e as garantias materiais apontados na Constituição somente poderiam ser judicializáveis em virtude da declaração de inconstitucionalidade por omissões do Poder Público ou em decorrência de leis ou atos administrativos inconstitucionais em face da Constituição. Não seria possível uma ação de qualquer legitimado vez que não haveria direito subjetivo, e conseguintemente não há que falar em legitimados.[68]

As demais decorrências da dimensão objetiva não são decorrências da dimensão exclusivamente objetiva, e, portanto, podem estar presentes se for reconhecido que o enunciado normativo do artigo 225 da CF/88 expressa uma norma jurídica que atribui direito subjetivo.[69]

O reconhecimento de um direito fundamental ao ambiente advindo do enunciado normativo constitucional é construído sobre todos os pressupostos da dimensão meramente objetiva, uma vez que a dimensão subjetiva assume todos os postulados, acrescendo, demais disto, a subjetividade necessária à configuração do conceito de direito subjetivo.

Na impossibilidade de se estabelecer critério empiricamente firme para concluir se uma norma de direito fundamental estabelece ou não um direito fundamental,

---

[68] A dimensão objetiva das normas de direitos fundamentais não retira a sua vinculatividade e nem a sua judiciabilidade. A norma continua a ser vinculante para os poderes públicos, para os particulares e para o julgador, e, mais que isso, continua podendo ver a suas ofensas sancionadas pelo Judiciário. A diferença opera na forma como tais questões podem ser apreciadas pelo Judiciário, uma vez que não carregam qualquer direito subjetivo a uma decisão em seu bojo.

[69] Dentre todas as consequências da compreensão da norma em sua eficácia objetiva coloca-se com mais ênfase aquela que caracteriza o Estado Constitucional Ecológico (Canotilho), Estado de Ambiente (Kloepfer), Estado de Direito Ambiental (Morato Leite), que é a atribuição de deveres e obrigações de proteger o ambiente. A dimensão objetiva da norma de direitos fundamentais aponta para uma tábua de deveres e obrigações estatais que implicam a especial compreensão de uma função contemporânea do Estado que não é mais o Estado liberal ou o Estado social, mas sim, um Estado pós-moderno.

atingimos a necessidade de estabelecer uma presunção de subjetividade de toda norma de direito fundamental.

O *roteiro de viagem* de uma norma de direito fundamental é proteger um bem jurídico de valor fundamental fazendo-o da forma mais eficaz possível.[70] A eficácia da utilização de um direito subjetivo – sem abrir mão da eficácia da dimensão objetiva – configura-se de maior relevo, dentre outras questões por que – no mínimo – se trata de uma operação de adição, e não se subtração.

A resposta à pergunta se uma determinada norma de direito fundamental deve ser concebida somente em sua dimensão objetiva ou em sua dimensão objetiva e subjetiva deve ser encontrada não na busca de atributos indicativos de tal escolha na Constituição, mas, inversamente, no encontro de justificações e argumentações fortes o bastante para que não se tenha, no caso, um direito subjetivo.

A presunção trabalha a favor do reconhecimento da existência de um direito subjetivo a proteger todo bem jurídico fundamental, exceto quando, por alguma justificativa razoável, tal subjetividade não puder ser demonstrada.

Portanto, partindo-se da presunção de que a norma de direito fundamental atribui um direito subjetivo, deve-se tentar encontrar justificativas para a comprovação de que tal não se dá. Não havendo direito subjetivo, tal norma de direito fundamental permanece em sua eficácia restrita ao âmbito dos deveres, sobrevivendo em sua dimensão objetiva.

---

[70] Da mesma maneira que a "interpretação mais amiga do ambiente" (Canotilho) pressupõe um ordenamento jurídico onde o princípio da preservação ambiental seja tomado como um dos fundamentos, a dimensão objetiva da norma de direito fundamental ambiental aponta para uma concepção de Estado fundado no dever de preservar o ambiente para esta geração, e para as futuras. Não apenas em razão da existência de uma dimensão subjetiva para as normas de direito fundamental cabem obrigações do Estado, mas também em razão da imposição de deveres autônomos derivados da própria norma de direito fundamental expressa pelo enunciado normativo do artigo 225.

Direito ao Ambiente

Esta presunção admite prova em contrário, mas a resposta não pode ser encontrada no âmbito do texto, ou em qualquer ponto da dimensão empírica da dogmática. Tratando-se de uma questão de natureza analítica e normativa, a resposta será válida para o interior do ordenamento jurídico. A compreensão acerca do fato de a norma constitucional de direito fundamental conferir, ou não, um direito subjetivo somente a alguém pode ser alcançada através da utilização de argumentos racionais e testes de compatibilidade entre os conceitos analíticos e a hipótese testada.

Releva mencionar que argumentos empíricos – como a redação do enunciado normativo – não exercem papéis decisivos nesta questão.

Uma argumentação jusfundamental racional pode definir que determinado enunciado normativo fundamental estabelece um direito fundamental ao ambiente se esta argumentação se legitima no âmbito do discurso jurídico e no interior da dogmática. Uma norma de direito fundamental atribui um direito subjetivo fundamental se tal é o resultado de uma argumentação jurídico-fundamental. É na dimensão normativa da dogmática que esta argumentação racional se afirma.[71]

Vários argumentos podem ser utilizados em um embate argumentativo visando desconstituir a presunção de subjetividade de um direito. Dentre eles, nomeadamente os que dão conta da amplitude exagerada – ou falta de definição – de um direito de tal natureza. A insaciabilidade de um direito ao ambiente – que reduziria conquistas modernas como a liberdade e a propriedade – também se torna um argumento de peso. Porém, se for possível uma

---

[71] A velha luta de Kant vs. Hegel tem na dimensão normativa da dogmática tridimensional o seu terreno privilegiado. Para que um direito fundamental, ou antes, ainda, uma norma de direito fundamental seja reconhecida como tal, faz-se necessário uma argumentação jurídica que lho afirme. É neste ponto que a dogmática enquanto sistema jurídico abre-se alopoieticamente a outros sistemas sociais para então estabelecer pontes que rompam o seu isolacionismo.

argumentação jusfundamental desenvolvida em favor da presunção de subjetividade de um direito ao ambiente, então será o caso.

Desde a dimensão analítica, duas questões se põem para a adequação da norma posta pelo artigo 225 da CF/88 dentre o rol das atributivas de direitos subjetivos fundamentais: É possível um direito subjetivo público – exercitado *prima facie* contra o Estado e talvez particulares – que tenha como titular pessoas indeterminadas? E mais ainda: Encarta-se no conceito de direito subjetivo público um direito cujo titular seja alguém que, além de indeterminado, ainda não nasceu e nem se quer se sabe se virá a existir?[72]

A resposta positiva a tais questões termina por justificar a existência de um direito subjetivo fundamental ambiental e mantém a presunção de que a Constituição expressa em seu texto uma autêntica norma atributiva de direitos fundamentais.

Em uma primeira aproximação do problema, não se vislumbra intransponíveis dificuldades no reconhecimento de titularidade de direitos subjetivos para pessoas indeterminadas. A determinabilidade parece ser requisito essencial, e o fundamental é que, em um primeiro momento, seja o direito atribuído a todos universalmente, e, em um segundo momento, no da concretização do comando normativo, atribuído àqueles que possam ser determinados de acordo com as categorias processuais que fazem de tais indivíduos legítimos para o manuseio de um direito subjetivo em ação judicial.

Embora sejam indeterminados os titulares do direito, a ampla cobertura universaliza o direito fundamental ao ambiente, e as regras da legitimação permitem a veiculação

---

[72] Sobre a possibilidade de direitos para uma geração futura, nomeadamente no que diz respeito ao direito à identidade genética, Cf. LOUREIRO, João Carlos Gonçalves. O direito à identidade genética do ser humano. In: *Portugal-Brasil ano 2000*. Lisboa: Coimbra Editora, 2000, p. 263-381, especialmente p. 271-277.

de tal direito a partir de uma determinação tomada desde a observação da relação causa e efeito. A determinabilidade, compreendida como possibilidade de determinação dos legitimados é que deve ser exigida.

A subjetividade aqui referida não é diferente daquela referida ao direito infraconstitucional. As normas do sistema jurídico atribuem com idêntica amplitude outros direitos cujo reconhecimento pelos Tribunais têm se dado diariamente. Tampouco as questões referentes à legitimidade processual ficaram alijadas de uma solução racional, uma vez que as normas da Ação Civil Pública (ACP) e do Código de Defesa do Consumidor (CDC) vieram para disciplinar exatamente esta difusão de direitos que tem reflexos no plano do processo.

Por outro lado, o fato de as futuras gerações poderem ser titulares de um direito joga contra o reconhecimento da dimensão subjetiva da norma posta pelo enunciado constitucional. É que não parece razoável admitir a subjetividade sem sujeito. Esta etérea categoria não pode ser determinada a contento.

Se em relação a ela se estabelecer apenas a dimensão objetiva – por se estar a falar de interesse juridicamente protegido,[73] e não de direitos – não estaria invalidada a subjetividade latente da norma.

Na melhor das hipóteses, no caso das gerações futuras, se está a falar de expectativa de direitos, e isto não em razão da ausência de configuração do direito, mas por que o sujeito é que ainda não existe. Também é certo que em relação aos sujeitos determináveis a atribuição de um direito subjetivo é latente. Ou seja, se eu posso determinar o sujeito existente eu posso admitir a categoria de direito

---

[73] Neste sentido, defendendo a existência de verdadeiros deveres constitucionais, mas não direitos Cf. LOUREIRO, João Carlos Gonçalves. O direito à identidade genética do ser humano. In: *Portugal-Brasil ano 2000*. Lisboa: Coimbra Editora, 2000, p. 273 e 276.

subjetivo, mas se for o caso de sujeito inexistente, só me será permitido falar de eficácia objetiva.

A dimensão analítica da dogmática clareia esta questão: em se tratando de titulares no momento presente, a norma advinda do enunciado normativo constitucional atribui um direito fundamental subjetivo aos titulares indeterminados, carecendo de determinação no momento da judicialização deste direito. Já em relação aos sujeitos não nascidos – as futuras gerações – a norma estará tratando apenas de interesses juridicamente protegidos, e, portanto, não será o caso de direitos subjetivos.

Resta saber, então, qual é o conceito e qual é a estrutura do direito subjetivo fundamental ao ambiente estabelecido pelo enunciado normativo do artigo 225 da CF/88 que expressa uma norma de direito fundamental com dimensões objetivas e subjetivas.

5. Conceito e estrutura do direito fundamental ao ambiente

Os direitos fundamentais exercem a função de garantias contramajoritárias que se opõem aos desejos da maioria que se expressam por intermédio de decisões do Legislativo.[74] Neste sentido, ter um direito fundamental é possuir um direito que não se dissolve em razão das aspirações majoritárias. Trata-se de um direito que realiza o princípio do Estado de direito contendo o desbordar do princípio democrático. O equilíbrio destas forças constitui-se em um paradoxo que é a base do Estado democrático de direito.[75]

Para além de serem garantias contramajoritárias, os direitos fundamentais são direitos subjetivos que se constituem em posições jurídicas subdivididas em direitos a algo, liberdades e competências.[76] Os direitos fundamentais podem manifestar-se sob estas três formas aglutinada-

---

[74] Formalmente significa dizer que estão sob o pálio do artigo 60, § 4°, IV. Materialmente, significa dizer que o direito fundamental ao ambiente é uma regra contramajoritária implícita, uma vez que uma das causas dá legitimidade a Constituição é a presença de direitos fundamentais. Neste caso, trata-se de garantias contramajoritárias quer o constituinte as tenham previsto, ou não.

[75] MOUFFE, Chantal. *La paradoja democrática*. Barcelona: Gedisa, 2003, especialmente p. 45.

[76] ALEXY, Robert. *Teoria de los derechos fundamentales*. Madrid: Centro de Estudios Constitucionales, 1995, p. 186-240; Em um sentido ligeiramente divergente, percebendo a existência de: a) direitos de defesa, b) direitos de prestação, c) direitos de igualdade, Cf. BOROWSKI, Martin. *La estructura de los derechos fundamentales*. Bogotá: Universidade Externado de Colômbia, 2003, 109-229.

mente, e quando isto ocorre o direito em causa é nominado de "direito fundamental como um todo".[77]

Os direitos subjetivos fundamentais são direitos formalmente fundamentais e materialmente fundamentais quando passam no teste de fundamentalidade, que, em síntese, é o mesmo utilizado para a aferição de normas de direito fundamental. Desta forma, são direitos fundamentais em sentido formal aqueles que são atribuídos por normas de direito fundamental em sentido formal, e são direitos fundamentais em sentido material aqueles atribuídos por normas de direitos fundamentais que respondem afirmativamente ao teste de fundamentalidade material.

Neste sentido, são direitos formalmente fundamentais aqueles atribuídos pelas normas expressadas por intermédio dos enunciados normativos dos catálogos dos artigos 5º, 6º e 7º da CF/88, além de outros decorrentes das hipóteses de abertura do § 2º do artigo 5º.

São direitos materialmente fundamentais aqueles cujos conteúdos realizam os princípios constitucionais do rol do artigo 1º da CF/88 além de todos os demais princípios dispersos no texto constitucional e fora dele, conforme a remissão da cláusula de abertura.

Esta relação de materialidade, no entanto, ocorre dentro da dogmática tridimensional, e carece de uma argumentação dogmática, que se sustenta – *ultima ratio* – no discurso prático geral. Em síntese, são fundamentais os direitos subjetivos atribuídos por uma norma de direito fundamental e que assim o é por uma constatação dogmática que envolve as três dimensões: a empírica, a analítica e a normativa.[78]

---

[77] ALEXY, Robert. *Teoria de los derechos fundamentales*. Madrid: Centro de Estudios Constitucionales, 1995, p. 429.

[78] DREIER, Ralf. *Derecho y justicia*. Santa Fé de Bogotá: Themis, 1994; ALEXY, Robert. *Teoria dell' argomentazione giuridica*. Milano: Dott. A. Giuffrè Editore, 1998.

Direito ao Ambiente

Surge aqui a delicada questão de saber se é possível um direito que seja materialmente constitucional sem o ser formalmente, e vice-versa.

Tratando-se a questão dos direitos fundamentais desde uma perspectiva dogmática, não cabe falar em direito materialmente fundamental ou direito formalmente fundamental, senão em direitos fundamentais que se justificam desde uma perspectiva formal e material. O âmbito da dogmática tridimensional permite o processamento das constatações das dimensões empírica, analítica e normativa com o objetivo de gerar um conceito que seja continente de ambas as dimensões, formal e material.

O teste de fundamentalidade é realizado pela dogmática tridimensional, e corresponde à possibilidade de se checar se um direito subjetivo atribuído por uma norma é fundamental ou não fundamental, ou se esta norma atributiva de direitos subjetivos é norma de direito fundamental ou não o é. Este teste formal consiste em observar se a norma e o direito por ela atribuído estão em consonância com o sistema constitucional, postos por enunciados normativos incluídos nos róis de direitos fundamentais ou decorrentes de outros enunciados permitidos pela cláusula de abertura e que geram direitos fundamentais.

O teste de materialidade testa se o conteúdo deste tal direito fundamental realiza os princípios fundamentais incluídos no rol constitucional correspondente ou dispersos no próprio texto constitucional ou fora dele.

Se acaso uma posição jurídica subjetiva vier prevista em um texto constitucional sem que a ela corresponda um conteúdo material que realize os princípios estruturantes do Estado e da sociedade, mesmo assim esta norma seria uma norma de direito fundamental e fundamental seria o direito por ela atribuído?[79]

---

[79] A doutrina diverge no sentido de reconhecer, ou não a existência de direitos materialmente fundamentais que não o sejam formalmente fundamentais.

Uma presunção de fundamentalidade é necessária, mas esta presunção deve admitir prova em contrário, uma vez que é possível uma inserção constitucional que negue o sentido dos direitos fundamentais e esteja no todo divorciada da ordem principiológica.[80]

O inverso, porém, não tem como operar. Todo direito materialmente fundamental é também um direito formalmente fundamental. Tal conclusão surge da constatação de que a cláusula de abertura da Constituição brasileira, em seu artigo 5º, § 2º, formaliza todo direito fundamental que seja materialmente fundamental, uma vez que dá formalidade a todos os direitos decorrentes dos princípios constitucionais, do regime, da soberania da dignidade da pessoa humana. As posições jurídicas materiais – cuja fundamentalidade possa ser comprovada pelo acoplamento aos conceitos dogmático-analíticos, e justificados pela argumentação racional em sede de uma dimensão normativa da dogmática – passam necessariamente a serem direitos fundamentais.

Desta forma, o teste de fundamentalidade do direito ao ambiente ecologicamente equilibrado reduz-se à constatação de sua materialidade. Ao ser materialmente fundamental, o direito ao ambiente passa, também, a ser formalmente fundamental.

Como um direito materialmente fundamental, baseado na realização dos princípios da igualdade,[81] da liberdade[82]

---

[80] Esta parece ser a posição de CANOTILHO, J. J. Gomes. *Direito constitucional e teoria da Constituição*. 6. ed. Coimbra: Almedina, especialmente p. 1162.

[81] No sentido da existência de direitos fundamentais que refletem a igualdade, Cf. ALEXY, Robert. *Teoria de los derechos fundamentales*. Madrid: Centro de Estudios Constitucionales, 1995, p. 381-419; BOROWSKI, Martin. *La estructura de los derechos fundamentales*. Bogotá: Universidade Externado de Colômbia, 2003, p. 187-229.

[82] A fundamentação aparentemente coerente diz com a vinculação do direito ao ambiente sadio e ecologicamente equilibrado como corolário da liberdade e, mais explicitamente, como corolário do livre desenvolvimento da personalidade, que possui previsão na Constituição Portuguesa no artigo 26º nº 1. Sobre o tema *Cf.*

Direito ao Ambiente

e da dignidade da pessoa humana,[83] e com subjetividade possível em razão de serem determináveis os seus titulares, o direito fundamental ao ambiente possui estrutura de um direito de defesa frente a intervenções do Estado e de particulares, apresentando-se também como um direito fundamental de prestação, como um direito fundamental decorrente da igualdade, e como direito fundamental a um procedimento.

Por se tratar de um direito fundamental que não se encarta nas classificações estruturais clássicas, um direito fundamental ao ambiente contém um feixe de efeitos que comporta a proibição de que o Estado faça algo que agrida o núcleo essencial deste direito, a obrigação do Estado proteger o bem jurídico frente à agressão de terceiros, a obrigação do Estado praticar atos tendentes a preservar ou melhorar o ambiente, além da obrigação do Estado disponibilizar os instrumentos para a participação dos titulares do direito nos processos de tomada de decisões relevantes para o ambiente. Desta maneira, o direito fundamental ao ambiente se manifesta de diversas formas, gerando os mais diversos efeitos.

Como todo direito fundamental, o direito fundamental ao ambiente é atribuído por uma norma, que no

---

PINTO, Paulo Cardoso Correia Mota. O direito ao livre desenvolvimento da personalidade. In: *Portugal-Brasil ano 2000*. Lisboa: Coimbra Editora, p. 149-246.

[83] Sobre a dignidade da pessoa humana como princípio fundante dos direitos fundamentais, Cf. dentre outros, COSTA, José Manoel M. Cardoso. O princípio da dignidade da pessoa humana na Constituição e na jurisprudência constitucional portuguesas. In: *Estudos em homenagem a Manoel Gonçalves Ferreira Filho*. São Paulo: Dialética, 2001; BENDA, Ernest. Dignidad humana y derechos de la personalidad. In: HESSE, Konrad. *Manual de derecho constitucional*. Madrid: Marcial Pons, 1996; SARLET, Ingo Wolfgang. *Dignidade da pessoa humana e direitos fundamentais na Constituição de 1988*. Porto Alegre: Livraria do Advogado; PÉREZ, Jesús González. *La dignidad de la persona*. Madrid: Civitas, 1986; BARCELLOS, Ana Paula. *A eficácia dos princípios constitucionais:* o princípio constitucional da dignidade da pessoa humana. Rio de Janeiro: Renovar, 2002; DELPÉRÉE, Francis. O direito à dignidade humana. In: *Estudos em homenagem a Manoel Gonçalves Ferreira Filho*. São Paulo: Dialética, 2001, p. 151-162.

enunciado normativo do artigo 225, *caput*, realiza-se como norma-princípio, atribuindo um direito fundamental que tem a função de mandado de otimização.[84] Por outro lado, os enunciados normativos dos §§ 1º ao 6º, que também estabelecem normas que atribuem parcelas do feixe que constitui o direito fundamental ao ambiente obedecem às estruturas das regras e se submetem a tal estrutura.

Como mandato de otimização a norma atributiva de um direito fundamental ao ambiente determina o cumprimento de um direito que se realiza a partir de diferentes graus e dependente das possibilidades jurídicas e fáticas.

O cumprimento de uma obrigação decorrente de um direito fundamental ao ambiente não se realiza desde um padrão fixo segundo o modelo das regras, mas sim a partir de uma ponderação e uma proporcionalização dos direitos, bens e valores que estão em jogo quando do caso concreto.

Esta constatação traz a baila três questões importantes para a caracterização de um direito fundamental ao ambiente: A existência de um conteúdo essencial do direito; a possibilidade de restrição deste direito quando do processo de ponderação e a clarificação do papel que jogam as regras de direito fundamental.

Sobre a terceira das interrogações, a resposta é que a parcela de direito fundamental ao ambiente vetorizada via regras de direitos fundamentais obedece à teoria geral das regras e funciona através de normas que não se submetem a qualquer ponderação, e são aplicadas desde a perspectiva do tudo ou nada.

---

[84] ALEXY, Robert. *Teoria de los derechos fundamentales*. Madrid: Centro de Estudios Constitucionales, 1995, p. 86; ALEXY, Robert. Epílogo a la teoria de los derechos fundamentales. *Revista Española de Derecho Constitucional*, Madri: Centro de Estúdios Políticos y Constitucionales. n. 22, v. 66, 2002, p. 13-64; ALEXY, Robert. Colisão de direitos fundamentais e realização de direitos fundamentais no estado de direito democrático. *RDA*, Rio de Janeiro: Renovar, p. 67-79.

Importante frisar que isso implica o reconhecimento de que, no modelo jurídico brasileiro, é possível haver regras de direitos fundamentais, que estabelecem posições jurídicas específicas que desenvolvem uma norma-princípio de direitos fundamental.

Obviamente, todas as regras atributivas de direito fundamental ambiental guardam seu fundamento tanto nos princípios constitucionais fundamentais como na própria norma-princípio de direito fundamental ambiental. No entanto, o seu não reconhecimento, ou o não cumprimento de seus dispositivos não pode ser medido em graus, mas sim, em termos de cumprimento ou não cumprimento, sem que a não observância seja, em si mesma, uma possibilidade jurídica. Isto se dá por que as regras são naturalmente não restringíveis, e não há falar em ponderação de regras.

A questão é que nem sempre das normas inseridas nos incisos do § 1º e dos demais parágrafos é possível retirar uma obrigação correspondente a um direito, retornando-se à questão da plena eficácia de tais dispositivos.

Mas impende afirmar que a inclusão dos enunciados normativos do artigo 225 no rol material dos enunciados de direitos fundamentais faz com que estes direitos passem a ter os mesmos privilégios jurídicos impostos pelo § 1º do art. 5º que atribui às normas de direitos fundamentais a aplicabilidade imediata e eficácia plena.

Assim, as regras dispostas no artigo 225 têm o mesmo papel das demais regras de direitos fundamentais, e o princípio disposto por uma norma tem a mesma consequência que lhe dota a teoria dos princípios, inclusive quanto às restrições e à possibilidade de ponderações.

Para efetivar tal ponderação a constatação da existência, ou não, de um conteúdo essencial do direito tem papel decisivo, e por esta razão, as duas questões restantes serão examinadas a partir de agora.

6. As restrições ao direito fundamental ao ambiente

Todo direito fundamental é atribuído por intermédio de uma norma-princípio e pode fundamentar outras normas-regra. As normas-princípio são mandados de otimização e a elas impõe a necessidade de densificação, quando da aplicação ao caso dado.

Como mandado de otimização, tais normas atribuem direitos apenas *prima facie* e têm a necessidade de verem fixados seus conteúdos e realizadas concretamente como resultado de uma colisão com outros princípios que ajam em sentido contrário.

Os princípios são restringíveis segundo a teoria externa de restrições a direitos fundamentais[85] que admite a existência de um direito *prima facie* e uma restrição a este mesmo direito, fruto da pressão levada a efeito por outros princípios que sustentam posições jurídicas inversas. O resultado da restrição a este direito traduz um direito definitivo e aplicável ao caso concreto.

O que existe é uma colisão de um direito *prima facie* com outro direito também *prima facie*, e que é também atribuído por uma norma de direito fundamental. Esta colisão

---

[85] No sentido da teoria externa Cf. ALEXY, Robert. *Teoria de los derechos fundamentales*. Madrid: Centro de Estudios Constitucionales, 1995, p. 267-331; BOROWSKI, Martin. *La estructura de los derechos fundamentales*. Bogotá: Universidade Externado de Colômbia, 2003, p. 65-77; No sentido da admissão da teoria interna negada por Martin Borowski e Robert Alexy, Cf. HABERLE, Peter. *La garantia del contenido esencial de los derechos fundamentales*. Madrid; Dykinson-Constitucional, 2003.

gera uma restrição a ambos os direitos, atribuídos por normas que se antagonizam no caso concreto. A colisão vai se dar entre dois objetos normativos. Entre direitos, ou entre direitos e bens coletivos, ou ainda entre direitos e deveres ou entre deveres e deveres.

Ter um direito *prima facie* não significa a certeza de vê-lo – da forma como se demonstra inicialmente – reconhecido quando da resolução de um caso dado.[86] Há uma diferença entre o âmbito de proteção e o âmbito de garantia efetiva deste direito. O âmbito de proteção corresponde ao direito antes de efetivada a restrição, e o âmbito de garantia corresponde ao resultado da colisão de normas princípio, instante em que o direito se configura, dada a sua restrição. Isto se dá por que o direito que existe no âmbito de proteção não corresponde ao direito definitivo.

O direito subjetivo fundamental definitivo é fruto de uma restrição que pode se operar em razão da colisão desta norma princípio com outro princípio, e em razão da restrição operada por uma norma regra.[87]

A restrição a um direito fundamental sempre se opera por intermédio de uma norma. Esta norma pode ser fruto de um enunciado normativo constitucional, fruto de um enunciado normativo infraconstitucional e até mesmo de um ato administrativo,[88] ou uma norma sem enunciado normativo. O que justifica esta possibilidade é o fato de quaisquer dos exemplos serem decorrentes de normas de direito fundamental de matriz constitucional. Portanto, o fundamento da restrição sempre será uma colisão de normas-princípio.[89]

---

[86] BOROWSKI, Martin. *La estructura de los derechos fundamentales*. Bogotá: Universidade Externado de Colômbia, 2003, p. 65.

[87] Idem, p. 79-80.

[88] NOVAIS, Jorge Reis. *As restrições aos direitos fundamentais não expressamente autorizadas pela Constituição*. Lisboa: Coimbra Editora, 2003, p. 289 e ss.

[89] BOROWSKI, Martin. *La estructura de los derechos fundamentales*. Bogotá: Universidade Externado de Colômbia, 2003, p. 80.

Toda atividade legislativa realiza o princípio do Estado democrático, e estabelece uma norma que restringe um direito fundamental. Este direito fundamental realiza o princípio do Estado de direito e pode ser restringido por outra norma. Este paradoxo é insuperável, e o conhecimento do direito efetivo para o caso concreto surge como resposta justificada dogmaticamente a este paradoxo, propondo uma resposta que possa equilibrar ambos os princípios e constituir o Estado democrático de direito.

Tal se dá ponderando a norma atributiva de direitos *prima facie* com a norma que estabelece a restrição. A atividade legislativa conforma o direito infraconstitucional, e restringe o direito fundamental que resta atingido pela inserção normativa. Esta atitude longe de implicar uma ruptura do princípio da supremacia da Constituição implica na relativização do conteúdo do direito fundamental, que se estabelece desde uma atividade de ponderação.

Tal constatação traz a lume a questão acerca de se há ou não um núcleo essencial de direito que não se submete a qualquer restrição por parte de direitos ou bens. Há um núcleo protegido contra qualquer restrição ou a fixação deste núcleo ocorre no exercício da própria atividade de ponderação?

A resposta que mais é adequada a uma dogmática dos direitos fundamentais é aquela que afirma a relatividade do núcleo essencial. Tal núcleo é fixado na própria atividade de ponderação, que se exercita desde a dimensão normativa da dogmática dos direitos fundamentais.[90]

O núcleo essencial de um direito fundamental não é um núcleo duro que impede todo e qualquer movimento

---

[90] Admitindo a ponderação como mecanismo de resolução de conflitos de princípios, embora trabalhe com a teoria interna das restrições a direitos fundamentais, *Cf.* HABERLE, Peter. *La garantia del contenido esencial de los derechos fundamentales.* Madrid; Dykinson-Constitucional, 2003; Acerca da relatividade do núcleo essencial Cf. BOROWSKI, Martin. *La estructura de los derechos fundamentales.* Bogotá: Universidade Externado de Colômbia. 2003, p. 98.

restritivo de normas que se baseiem em outros princípios que colidem por trabalharem em sentidos invertidos.

O núcleo essencial do direito é um núcleo maleável, que se constitui desde a atividade de ponderação, e a partir da realização do princípio da proporcionalidade. Na efetivação desta ponderação, com obediência aos cânones da proporcionalidade, os direitos fundamentais enquanto princípios obedecem a limites, uma vez que o esvaziamento completo de sentido para uma norma princípio seria o mesmo que esvaziar completamente a sua própria normatividade.[91]

Quando se está diante de uma norma de direito fundamental que atribui um direito subjetivo de defesa, o limite é a interdição do excesso,[92] e quando se trata de uma norma de direito fundamental atributiva de um direito fundamental de prestação, o limite é a proibição da proteção deficiente. Se a restrição ao direito fundamental de defesa é tal que a intervenção é excessiva a ponto de fazer desaparecer qualquer conteúdo jusfundamental, então as normas da proporcionalidade impedem esta restrição. Igualmente se a restrição chega ao ponto de impedir a realização de uma prestação em mínima intensidade, as regras da proporcionalidade impedem uma restrição deste volume.[93]

Assim, o núcleo essencial de um direito fundamental é fruto da atividade de ponderação, subsumida esta às regras da proporcionalidade que estabelecem marcos para as restrições legítimas nos direitos fundamentais.

No que toca à possibilidade de restrição ao direito fundamental ao ambiente, é de notar que em razão da sua relação próxima com o direito fundamental à propriedade, quase todas as emanações de um direito *prima facie* ao am-

---

[91] BOROWSKI, Martin. *La estructura de los derechos fundamentales*. Bogotá: Universidade Externado de Colômbia, 2003, p. 97-99.

[92] Idem, p. 119 e ss.

[93] Idem, p. 143 e ss.

biente ecologicamente equilibrado representam restrições ao direito fundamental à propriedade. As regras dispostas nos incisos do § 1º do artigo 225 da CF/88 representam regras constitucionais que impõem restrições ao direito de propriedade, e em alguns casos ao direito de liberdade em suas várias emanações.

De outro lanço, o direito fundamental ao ambiente expresso pela norma princípio do caput do artigo 225 vai ser restringida por inúmeras regras decorrentes dos direitos fundamentais à liberdade e à propriedade, dentre outros.

Estas inúmeras normas restritivas levadas a efeito pelo ordenamento jurídico infraconstitucional e também pelo texto constitucional conduzem à convicção da relatividade do núcleo essencial do direito fundamental ao ambiente e da constante e permanente necessidade de se ponderar este direito posto em uma norma princípio com as demais emanações de princípios que jogam em sentido contrário, ainda que dispostas em normas infraconstitucionais.

Ter um direito *prima facie* ao ambiente não representa poder opor este direito a todas as manifestações do direito fundamental à propriedade ou do direito fundamental à liberdade de investigação científica e ter a certeza de que o âmbito de proteção do bem jurídico vai corresponder ao âmbito de garantia efetiva.

O direito fundamental ao ambiente aplicável ao caso concreto vai nascer da ponderação entre os princípios constitucionais ambientais e demais princípios constitucionais que jogam no sentido de legitimar juridicamente atividades poluentes. É da colisão entre princípios e direitos que protegem bens ambientais e outros princípios que afrontam – de uma maneira ou de outra – o âmbito de proteção da norma jurídica ambiental, que surgirá o direito aplicável ao caso concreto.

Inúmeras normas jurídicas infraconstitucionais existem para realizar o direito à liberdade e o direito à pro-

Direito ao Ambiente

65

priedade, e tais normas restringem este direito *prima facie* e impõem uma ponderação entre o direito da norma atributiva de direito fundamental ao ambiente ecologicamente equilibrado e as normas atributivas de outros direitos fundamentais.

Por se qualificar como um direito fundamental que se realiza às vezes como direito de defesa e outras como direitos de prestação,[94] o direito fundamental ao ambiente admite ser restringido apenas entre limites que garantam a realização de um mínimo essencial para que a própria normatividade do artigo 225 não seja posta em causa. Tais marcos são a intervenção excessiva e a prestação insuficiente, daí a interdição do excesso de intervenção no ambiente ecologicamente equilibrado e a proibição de uma prestação deficiente que pode ser uma defesa pouca do bem jurídico, ou uma atividade de reduzida força protetora do bem jurídico.[95]

Tais limites representam não uma efetiva ponderação, mas uma negação da normatividade do princípio, o que de todo não se permite, muito embora o núcleo essencial do direito ao ambiente ecologicamente equilibrado seja relativo.[96]

---

[94] Como lembra ALEXY, Robert. *Teoria de los derechos fundamentales.* Madrid: Centro de Estudios Constitucionales, 1995, p. 429, o direito fundamental ao ambiente é um direito fundamental como um todo, e, portanto, é um direito que se realiza quer como direito a algo, quer como direito de defesa (liberdade), quer como uma competência. Também pode ser dedutível a um direito de igualdade, utilizando-se os ensinamentos de BOROWSKI, Martin. *La estructura de los derechos fundamentales.* Bogotá: Universidade Externado de Colômbia, 2003.

[95] A teoria da proporcionalidade permite a escolha de atuações estatais ambientais que realizem o direito fundamental ao ambiente ecologicamente equilibrado impedindo que – dá interpretação da norma, ou da fixação do conteúdo essencial do direito ao ambiente – resultem interpretações que fiquem aquém do cuidado devido ou que desbordem para além da intervenção danosa minimamente suportável. O grau do impacto minimamente suportável intrinca-se diretamente com o conteúdo essencial do direito ao ambiente.

[96] Acerca da ponderação como técnica de encontro do conteúdo essencial do direito conferir, na doutrina brasileira, SARMENTO, Daniel. *A ponderação de interesses na Constituição federal.* Rio de Janeiro: Lúmen Júris. 2002.

As restrições ao direito fundamental ao ambiente – e consequente definição do âmbito de proteção após o resultado da ponderação restritiva – aponta para a seguinte constatação: A definição do conteúdo do direito fundamental ao ambiente é sempre tomada quando da resolução do caso concreto, e é sempre dependente da dimensão normativa da dogmática, que, em última análise, se sustenta racionalidade do discurso jurídico.[97]

Somente aproximadamente, ou *prima facie*, é possível dizer o que representa em um ordenamento jurídico ter um direito fundamental ao ambiente. Nem a Constituição, nem as leis infraconstitucionais ou os conceitos da dogmática analítica podem dizer o que representa ter tal direito. Apenas o resultado do confronto de um amálgama de proposições empíricas, normativas e analíticas, tendo por base um caso concreto e exercitadas com a utilização do instrumento da ponderação propõe um direito fundamental ao ambiente aplicável ao caso.

---

[97] ALEXY, Robert. *Teoria dell' argomentazione giuridica*. Milano: Dott. A. Giufferé Editore, 1998.

7. Eficácia do direito fundamental ao ambiente ecologicamente equilibrado nas relações entre particulares

Questão estimulante é saber se um direito fundamental ao ambiente pode ter eficácia sobre relações jurídicas regidas pelo direito privado. Ou dito de outra forma, se o comportamento lesivo à esfera jurídica de um indivíduo – em meio a uma relação contratual – pode ser apreciado e resolvido tendo por base os pressupostos do direito fundamental ao ambiente.[98]

Questão desta derivada diz com a possibilidade de resolução, com base exclusivamente em norma de direito fundamental ao ambiente ecologicamente equilibrado, de uma agressão a bem ambiental efetuada por um indivíduo e que tenha por ofendido a coletividade, representada por indivíduos identificados ou identificáveis. A questão afigura-se importante porque o ato poderá ter sido pratica-

---

[98] A questão é conhecida na doutrina alemã como *Drittwirkung*, e nos EUA a doutrina se refere a esta horizontalização dos efeitos como *State Action*. Sobre a doutrina que trata do assunto Cf. dentre muitos, SARMENTO, Daniel. *Direitos fundamentais e relações privadas*. Rio de Janeiro: Lumens Iures, 2004; CANOTILHO, J. J. Gomes. Civilização do direito constitucional ou constitucionalização do direito civil? a eficácia dos direitos fundamentais na ordem jurídico-civil no contexto do direito pós-moderno. In: *Estudos em homenagem a Paulo Bonavides*. São Paulo: Malheiros, 2001; CANARIS, Claus-Wilhelm Canaris. *Direitos fundamentais e direito privado*. Lisboa: Almedina, 2003; SILVA, Vasco Pereira. A vinculação das entidades privadas pelos direitos, liberdades e garantias. *Revista de Direito e de Estudos Sociais*. Lisboa: Almedina, n. 29, 1987; ABRANTES, José João Nunes. *A vinculação das entidades privadas aos direitos fundamentais*. Lisboa: Associação Acadêmica da Faculdade de Direito, 1990.

do exclusivamente no interior de uma relação contratual, onde estará em jogo os limites da liberdade.

Trata-se, também, de saber se a liberdade, a propriedade e a igualdade, o livre desenvolvimento da personalidade, além de outros direitos fundamentais, podem ser restringidos no exercício de direitos originados de uma relação entre particulares.

Uma questão que diretamente se articula com esta diz com a possibilidade de uma demanda entre particulares ter como fundamento jurídico – ou causa de pedir remota – apenas o direito fundamental ao ambiente equilibrado. Isto implica em responder a questão se o artigo 225 da CF/88 atribui exclusivamente um direito subjetivo público aos legitimados em face do Estado ou se atribui um direito subjetivo em face de quem agrida o bem jurídico tutelado pela norma. Os direitos fundamentais são direitos subjetivos exclusivamente públicos ou tem eficácia nas relações entre particulares?[99]

Tais questões implicam desde já o reconhecimento da dimensão objetiva dos direitos fundamentais paralelamente à sua dimensão subjetiva.

A dimensão objetiva pressupõe deveres e vinculações irradiantes para todo ordenamento jurídico estabelecendo tarefas e deveres por parte do Estado no sentido da proteção do ambiente. A dimensão objetiva estabelece obrigações mesmo que não seja caso de atribuição de direitos, e isto implica uma conexão próxima com a eficácia horizontal.

Por eficácia horizontal dos direitos fundamentais pode-se entender um problema de imputação, que repre-

---

[99] Só há sentido em falar de eficácia horizontal dos direitos fundamentais, neste sentido, ou vinculação das entidades e das relações privadas aos direitos fundamentais na medida em que eles são concebidos não como direitos subjetivos públicos. Acaso seja possível a eficácia horizontal, isto implica dizer que a um legitimado privado é possível a propositura de uma ação tendo por base exclusivamente um direito fundamental constitucionalmente previsto.

Direito ao Ambiente **69**

senta a obrigação do Estado em defender o titular do direito ao ambiente em razão de uma agressão ao ambiente feita por outro particular, seja ele uma pessoa física ou uma pessoa jurídica. Desta maneira, a eficácia horizontal traduzir-se-ia somente no não cumprimento do dever ou da obrigação do Estado de proteger o ambiente, devendo ser acionado quando um particular o agredir, tendo logrado vencer a barreira de proteção levantada pelo Estado.[100] Trata-se do dever de proteção ambiental ou Schutzpflicht.

Esta compreensão dos efeitos horizontais permite ainda a compreensão do direito fundamental como um direito subjetivo movido contra o Estado, que passa a sofrer a condição de réu em razão da não observância dos deveres atribuídos pela dimensão objetiva da norma, e também em razão de obrigações impostas por sua dimensão subjetiva.

Por outro lado, a possibilidade de um particular vir a acionar outro tendo como pressuposto de fato a agressão ao ambiente perpetrada por este e sustentando como pressuposto de direito a norma do artigo 225, *caput*, permite a compreensão de que o direito subjetivo atribuído pela norma expressa por este enunciado normativo atribui um direito subjetivo aos legitimados que se ponham na situação jurídica de ofendidos por um ato de terceiro, e em face deste terceiro, e não apenas em face do Estado. Os direitos fundamentais não seriam, assim, meros direitos subjetivos de natureza pública,[101] e seria o caso de uma *horizontalwirkung ambiental*.

---

[100] Neste sentido, a eficácia horizontal é algo diferente do mero dever de proteção que o Estado possui.

[101] A questão que desborda do problema formulado, e da sua hipótese de resolução, diz com a utilidade de se fundamentar qualquer ação judicial exclusivamente em um direito fundamental constitucional, desprezando-se, ou desconsiderando-se o direito infraconstitucional existente. Qual a concreta utilidade do direito fundamental ao ambiente sobre as normas infraconstitucionais que tutelam o bem jurídico? A consideração de que o ambiente torna-se melhor protegido quando a norma constitucional expressa pelo enunciado normativo do artigo 225 é aplicada diretamente parte do pressuposto de que uma teoria do

Tal resposta impõe a resolução de dois problemas. O primeiro deles é a necessidade, ou mesmo correção, de tal colonização do direito privado pelo direito constitucional, que aponta para uma inversão de papéis que pode levar à redução de uma esfera de liberdade, substituindo-a por um institucionalismo.[102] O segundo dos problemas é encontrar um dado caso, no qual litiguem dois particulares, e que a agressão ao ambiente não possa se resolver com espeque em quaisquer normas jurídicas infraconstitucionais atributivas ou não de um direito subjetivo.[103]

A primeira questão aponta para a correção da eficácia horizontal, ou seja, impõe perceber que a questão apenas teria sentido no vazio legislativo. A existência de uma norma infraconstitucional que tutela o caso, transforma a norma de direito fundamental do artigo 225 apenas em fonte primária de norma infraconstitucional. Seria o caso de aplicar outra norma que realizaria o princípio, ao invés de aplicar diretamente o mandamento constitucional.

---

direito do ambiente fincada em princípios constitucionais e, portanto, em normas de pouca densidade – e à disposição do Judiciário para a colmatação do sentido – é mais promissora enquanto opção teórico-política preservacionista do que uma teoria que advoga a mediação destes princípios por uma legislação infraconstitucional. O pano de fundo desta opção teórica repousa expressamente em uma desconfiança crônica dos operadores do direito com o Poder Legislativo. A eficácia horizontal dos direitos fundamentais termina por ser um esvaziamento da competência legislativa em proveito de uma maior participação do Judiciário no processo de produção normativa.

[102] A supressão do espaço das liberdades civis não pode ser colonizado por direitos públicos subjetivos, sob pena de os direitos fundamentais romperem completamente com seu perfil histórico e cultural.

[103] A hipertrofia da legislação ambiental brasileira não oferece exemplos ricos de uma seara de vazio Legislativo, onde o direito constitucional fundamental ao ambiente pudesse ser diretamente aplicado sem qualquer direito infraconstitucional a reger a matéria. A normalidade positiva indica sempre um direito infraconstitucional disciplinador de casos que devem ser observados também com base nos princípios constitucionalmente postos e no direito fundamental ao ambiente atribuído pela norma expressa pelo enunciado normativo do artigo 225 da CF/88.

Direito ao Ambiente

Posta de outro modo a questão do vazio legislativo, seria o caso de uma colisão entre o direito fundamental à liberdade (de fazer ou deixar de fazer alguma coisa somente em virtude de lei) e o direito fundamental ao ambiente, pensada a hipótese exemplificativa desde já como uma atuação agressiva ao ambiente não disciplinada por qualquer norma.[104]

Sendo possível utilizar o direito constitucional ao ambiente como fundamento de resolução dogmática de demandas de toda natureza, estar-se-ia rompendo com a compreensão de que os direitos fundamentais são direitos subjetivos públicos, e assumindo que o que os caracteriza um direito como fundamental é outro dado.[105]

Isto não parece absurdo se considerado que a característica dos direitos fundamentais não é mais a possibilidade de serem movimentados como direitos limites das atuações estatais, mas sim o fato de representarem garantias contra-majoritárias, decorrentes de normas constitucionais que têm por conteúdo a realização dos princípios fundamentais da ordem constitucional. Nada proíbe que o sujeito obrigado por um direito subjetivo fundamental seja o particular.

---

[104] Tal conflito principiológico poderia ser pensado e analisado a luz de um direito amplo à liberdade – com espeque na filosofia política liberal – ou com espeque na concepção germânica do direito ao livre desenvolvimento da personalidade. Em ambos os casos, tratar-se-á de um choque de princípios a se resolver sob o pálio da ponderação e do princípio da proporcionalidade. Sobre o livre desenvolvimento da personalidade no direito português, Cf. PINTO, Paulo Cardoso Correia Mota. A proteção da vida privada e a Constituição. *Boletim da Faculdade de Direito*, 2003, p. 153-204. v. Comemorativo.

[105] A leitura dos direitos fundamentais enquanto regras e princípios atribídos por uma norma de direitos fundamentais – que se fundamentam formal e materialmente na contramajoritariedade formal, na vinculatividade, na previsão constitucional, e nos princípios constitucionais – aponta para a possibilidade de se espraiarem para relações entre entes privados rompendo com a sua clássica compreensão como direitos subjetivos públicos. Desta forma, deixam se caracterizarem por serem dirigidos contra o Estado, ou através do Estado, passando a se caracterizarem por serem direitos constitucionalizados que não se submetem à supremacia da maioria.

Esta concepção permite ao texto constitucional conter enunciados normativos que se traduzem em normas de mesma eficácia que as normas de direitos privados, com o *plus* de obrigarem também ao Estado, de serem hierarquicamente superiores e de trabalharem como garantias contra-majoritárias.

A superação de tais problemas pode indicar uma irradiação plena e uma eficácia horizontal e vertical para o direito fundamental ao ambiente, permitindo que o Estado seja acionado, quando da agressão ao bem ambiental efetivada por particulares, em razão da sua omissão no cumprimento do dever de proteção.

Esta superação permite a responsabilização do particular por agressões por ele cometidas, utilizando-se exclusivamente o direito fundamental ao ambiente sadio e ecologicamente equilibrado, e tendo por titular do direito subjetivo outro particular.

Direito ao Ambiente

8. As garantias do direito fundamental ao ambiente

A existência de um direito fundamental ao ambiente ecologicamente equilibrado, atribuível a um titular determinável, não implica necessariamente uma correspondente ação que imponha este direito frente ao Estado ou a terceiros.

A judiciabilidade, como característica do direito subjetivo, opera apenas na hipótese de busca no Judiciário de uma solução dogmática para o conflito, ou seja, quando se dá o não cumprimento da obrigação que é correlata ao direito subjetivo. Há, ainda, a hipótese de recurso ao Judiciário em razão da eficácia diferida. Nestes casos, busca-se a satisfação inexistindo direito subjetivo, mas havendo pretensão de fato decorrente da existência de deveres a serem cumpridos.

Neste sentido, a todo direito subjetivo corresponde uma obrigação, mas não necessariamente uma ação que lhe proteja.[106]

O cumprimento da obrigação decorrente do direito subjetivo – que pode se chamar de garantia primária do direito fundamental – pode ser exigível por intermédio de uma ação – que se lhe chama de garantia secundária deste mesmo direito.

---

[106] FERRAJOLI, Luigi. Los derechos fundamentales. In: —— *et al. Los fundamentos de los derechos fundamentales.* Madri: Editorial Trotta, 2001.

Existem normas de direito fundamental que não atribuem direitos fundamentais, apenas impõem deveres, que são o caso das normas que possuem exclusivamente a dimensão objetiva. No entanto, todas as normas atributivas de direitos fundamentais estabelecem obrigações, e estas obrigações representam as garantias fundamentais primárias decorrentes de normas fundamentais atributivas de direitos subjetivos fundamentais.

Embora correlatas ao direito fundamental que protegem, as garantias secundárias não estão presentes como uma decorrência das normas de direitos fundamentais. A autonomia e a abstração fazem com que tais normas existam, e com elas o direito de ação e o processo, independentemente do direito material que vão proteger.

A ausência destas garantias é o caso de lacuna que cumpre ao legislador suprir, e não invalida a existência do próprio direito.[107] A inexistência de garantias processuais ou de ações que possam proteger o direito nada tem haver com a existência deste mesmo direito. Ele permanece judicializável no aguardo de que um vetor competente surja no mundo jurídico para garantir a apreciação do direito.

No que tange ao direito fundamental ao ambiente e aos instrumentos processuais existentes no direito brasileiro, aptos a realização judicial do seu conteúdo, as hipóteses são várias.

Primeiramente, é possível perceber que a Ação Civil Pública (ACP), a Ação Popular (AP), Ação de Improbidade Administrativa (AIA), Ação de Descumprimento de Preceito Fundamental (ADPF), a Ação Direta de Inconstitucionalidade (ADI), a Ação Direta de Inconstitucionalidade por Omissão (ADI-O), a Ação Inibitória (AI) e os Mandados de Segurança por Ação e por Omissão (MS) permitem

---

[107] FERRAJOLI, Luigi. Los derechos fundamentales. In: —— et al. *Los fundamentos de los derechos fundamentales.* Madri: Editorial Trotta, 2001.

Direito ao Ambiente

a proteção do direito fundamental ao ambiente ecologicamente equilibrado.

Na qualidade de instrumentos processuais, cada uma destas garantias levanta questão acerca da legitimidade ativa, da legitimidade passiva e dos efeitos possíveis da decisão.

Resta utilizar os instrumentos processuais disponíveis para que o âmbito de proteção efetiva do direito fundamental ao ambiente previsto na CF/88 seja cada vez mais amplo. O equilíbrio do ambiente, largamente ameaçado pelas alterações climáticas, torna-se um objetivo buscado também pelo direito, e a sua concretização se dá através da correta aplicação do instrumental disponível à realização deste direito fundamental.

O equilíbrio entre diversos direitos fundamentais, sem perder o foco na preservação do ambiente, deve ser um dos objetivos do Estado democrático de direito, que se pode traduzir na expressão "Estado constitucional ecológico", ou "Estado democrático de direito do ambiente".[108]

A constatação da existência dos deveres constitucionais de preservar – abstratos e concretos – aliada à existência do direito fundamental ao ambiente, à constitucionalização do ambiente como um bem jurídico e sua previsão constitucional como um valor, e ainda à consagração do princípio constitucional da preservação ambiental fornecem o conteúdo para a adjetivação do Estado moderno que, por estes fatores, tende a se caracterizar como um Estado democrático de direito do ambiente.

---

[108] CANOTILHO, J. J. Gomes. Estado constitucional ecológico e democracia sustentada. In: *Estudos em Homenagem a José Afonso da Silva*. São Paulo: Malheiros, 2003, p. 101-110; LEITE, José Rubens Morato e AYALA, Patryck de Araújo. *Direito ambiental na sociedade do risco*. Rio de Janeiro: Forense Universitária, 2002, especialmente p. 11-39; SILVA, Vasco Pereira. *Verde cor de direito:* lições de direito do ambiente. Lisboa: Almedina, 2001, p. 24.

9. Conclusões

1. Os direitos fundamentais são categorias dogmáticas e instrumentos de defesa dos hipossuficientes. Embora tenham nascido como direitos subjetivos públicos, os direitos fundamentais são categorias dogmáticas que se realizam como garantias contra-majoritárias.

2. Na pós-modernidade, o poder do mercado é significativo, e os direitos fundamentais devem ser utilizados como vetores de proteção da sociedade civil contra o poder. Os direitos fundamentais também são elementos de proteção da sociedade contra o mercado, e não apenas instrumentos de defesa contra o Estado, como eram na modernidade liberal.

3. A experiência dogmática possível na pós-modernidade resume-se à sua concepção tridimensional que permite a realização de espaços zetéticos que conformam a ideia de âmbito de proteção, através da dimensão normativas. Não apenas o empirismo legal e jurisprudencial constrói a resposta dogmático-fundamental pós-moderna.

4. A compreensão historicamente e constitucionalmente adequada é aquela que vê nas garantias contra-majoritárias não uma expressão liberal, ou socialista, ou institucionalista, ou valorativa, ou social, ou democrático--funcional.

5. A visão constitucionalmente adequada para os direitos fundamentais na pós-modernidade pluralista é aquela que os compreende como categorias dogmáticas e abre espaço para percepções múltiplas acerca de seu conteúdo.

6. O direito ao ambiente sadio e ecologicamente equilibrado é um dos direitos fundamentais no espaço e tempo pós-modernos.

7. A Constituição Federal de 1988 estabeleceu, através do enunciado normativo do artigo 225, uma tutela constitucional ao ambiente sadio e ecologicamente equilibrado.

8. Este enunciado normativo se estabelece como um enunciado normativo protetivo que expressa uma norma de direito fundamental ambiental.

9. Os fundamentos da norma de direito fundamental ao ambiente são o formal e o material. Formalmente, a norma sustenta-se no enunciado normativo do artigo 225 da Constituição Federal, que expressa uma norma de direito fundamental.

10. Este fundamento formal justifica-se – como fundamento de direito fundamental – em razão da cláusula de abertura do artigo 5º, § 2º, da Constituição Federal, que permite, formalmente, a existência de direitos fundamentais não previstos nos catálogos de direitos fundamentais.

11. Para que a norma de direito ambiental expressada pelo enunciado normativo constitucional de direito ao ambiente fundamente-se formalmente como norma de direito fundamental, é necessário que haja um fundamento material que a justifique.

12. A norma impositiva de direito fundamental ao ambiente insculpida no artigo 225 da Constituição Federal realiza-se como tal em razão do princípio constitucional da preservação ambiental, em razão do princípio constitucional da dignidade da pessoa humana e em razão do conjunto de subprincípios ambientais que o estabelecem.

13. Ao se comprovar a existência de uma fundamentalidade material para a norma de direito fundamental ao ambiente, através de um princípio constitucional que lhe dá suporte, a fundamentalidade formal está justificada em

razão da cláusula de abertura do catálogo de direitos fundamentais do artigo 5º, § 2º.

14. A norma de direito fundamental ao ambiente sadio e ecologicamente equilibrado é norma de direito fundamental estabelecida formal e materialmente pelo artigo 225 da Constituição Federal.

15. Por se tratar de norma de direito fundamental ao ambiente, a norma expressa pelo enunciado normativo do artigo 225 da Constituição Federal realiza-se como uma garantia contramajoritária que impede modificações em sua amplitude através do constituinte derivado.

16. O fato de haver norma constitucional fundamental ambiental não implica na existência de um direito fundamental ao ambiente sadio e ecologicamente equilibrado. Existem normas de eficácia meramente objetiva que não atribuem direitos a nenhum legitimado, e realizam, apenas, deveres fundamentais.

17. A norma da disposição de direito fundamental do artigo 225 da CF/88 expressa uma norma de direito fundamental de eficácias objetiva e subjetiva, conquanto, além de estabelecer deveres constitucionais ambientais, atribui direito fundamental a todos.

18. A norma do artigo 225 da Constituição Federal estabelece deveres ambientais autônomos, concretos e difusos, e deveres fundamentais ambientais, decorrentes da norma de direito fundamental ao ambiente.

19. A norma do artigo 225 da Constituição Federal atribui direito fundamental ao ambiente a todas as pessoas.

20. As futuras gerações não possuem direito fundamental ao ambiente, mas apenas interesse jurídico na preservação do ambiente.

21. O direito fundamental ao ambiente é um direito fundamental como um todo, o que significa dizer que ele realiza-se como um direito a algo, como um direito de de-

fesa, como uma igualdade e como um direito a um procedimento. Todas as expressões de um direito fundamental podem ser manifestações do direito fundamental ao ambiente.

22. O direito fundamental ao ambiente restringe-se através da atividade de ponderação, no processo de colisão com outros direitos fundamentais, e a face visível do direito ambiental fundamental é o resultado do embate entre diversos direitos fundamentais.

23. Há um núcleo essencial do direito fundamental que se constitui pela interdição do excesso e pela impossibilidade da prestação deficiente, dependendo da forma de expressão do direito fundamental.

24. O direito fundamental ao ambiente sadio e ecologicamente equilibrado possui judiciabilidade e, por esta razão, pode ser *causae petendi* de feitos cujo objetivo seja a sua afirmação. As ações civis existentes no ordenamento jurídico brasileiro podem ser vetores deste direito ambiental fundamental.

25. A ação civil pública, a ação de improbidade administrativa, a ação popular, o mandado de segurança, a ação de descumprimento de preceito fundamental, a ação direta de inconstitucionalidade e as ações condenatórias e constitutivas, além das ações inibitórias podem ser utilizadas em defesa do meio ambiente, inclusive com utilização da antecipação de tutela e demais possibilidades do ordenamento jurídico.

26. A ações coletivas são o instrumental básico e natural para a realização do direito fundamental ao ambiente sadio e ecologicamente equilibrado, já que é através do reconhecimento pelo Poder Judiciário, na resolução de problemas reais, que o direito se concretiza adquirindo sua feição definitiva.

Bibliografia

ABRANTES, José João Nunes. *A vinculação das entidades privadas aos direitos fundamentais*. Lisboa: Associação Acadêmica da Faculdade de Direito, 1990.

ALEXY, Robert. Colisão de direitos fundamentais e realização de direitos fundamentais no estado de direito democrático. *RDA*, Rio de Janeiro: Renovar, p. 67-79.

——. Epílogo a la teoria de los derechos fundamentales. *Revista Española de Derecho Constitucional*, Madri: Centro de Estúdios Políticos y Constitucionales, v. 66, n. 22, p. 13-64, 2002.

——. *Teoria de la argumentación jurídica*. Madri: Centro de Estudios Constitucionales, 1997.

——. *Teoria de los derechos fundamentales*. Madrid: Centro de Estudios Constitucionales, 1995.

——. *Teoria dell' argomentazione giuridica*. Milano: Dott. A. Giuffrè Editore, 1998.

ANDRADE, José Carlos Vieira de. *Os direitos fundamentais na Constituição de 1976*. 2. ed. Coimbra: Almedina, 2001.

——. *Direitos fundamentais na Constituição portuguesa de 1976*. 3. ed. Coimbra: Almedina, 2006.

ANDRADE, Manuel. *Teoria geral da relação jurídica*, 6. reimp. Coimbra, Almedina, 2003. v. 1

ANDRADE, Vera Regina Pereira. *Dogmática Jurídica:* escorço de sua configuração e identidade. Porto Alegre: Livraria do Advogado, 1996.

ATALIBA, Geraldo. Eficácia jurídica das normas constitucionais e leis complementares. *Revista de Direito Público*, São Paulo, n. 13, p. 35-44.

ATIENZA, Manuel. *Introducion al derecho*. Barcelona: Barcanova, 1991.

AYALA, Patryck de Araújo. A proteção jurídica das futuras gerações na sociedade do risco global: o direito ao futuro na ordem constitucional brasileira. In: FERREIRA, Heline Sivini; LEITE, José Rubens Morato. *O estado de direito ambiental:* tendências. São Paulo: Forense Universitária, 2004.

BARCELLOS, Ana Paula. *A eficácia dos princípios constitucionais:* o princípio constitucional da dignidade da pessoa humana. Rio de Janeiro: Renovar, 2002.

BARROS, Suzana Toledo. *O princípio da proporcionalidade e o controle de constitucionalidade das leis restritivas de direitos fundamentais*. Brasília: Brasília Jurídica, 2000.

Direito ao Ambiente

BARROSO, Luís Roberto. A proteção do meio ambiente na constituição brasileira. *Arquivos do Ministério da Justiça*, Brasília: Imprensa Nacional, n. 45, p. 47-80, 1992.

——. *Interpretação e aplicação da constituição:* fundamentos de uma dogmática constitucional transformadora. São Paulo: Saraiva, 1996.

BASTOS, Celso Ribeiro. *A tutela dos interesses difusos no direito constitucional brasileiro.* Revista dos Tribunais, São Paulo, p. 23-29, 1981.

BAUMAN, Zygmunt. *Em busca da política.* Rio de Janeiro: Jorge Zahar, 2000.

——. *Globalização:* as conseqüências humanas. Rio de Janeiro: Jorge Zahar, 1999.

——. *O mal-estar na pós-modernidade.* Rio de Janeiro: Jorge Zahar, 1997.

BECK, Ulrich. *La sociedad del riesgo*: hacia una nueva modernidad. Barcelona: Paidós, 1998.

——. *O que é globalização?* Equívocos do globalismos. Respostas à globalização. São Paulo: Paz e Terra, 1999.

BELLO FILHO, Ney de Barros. *Sistema constitucional aberto.* Belo Horizonte: Del Rey, 2003.

BENDA, Ernest. Dignidad humana y derechos de la personalidad. In: HESSE, Konrad. *Manual de derecho constitucional.* Madrid: Marcial Pons, 1996.

BENJAMIN, Antônio Hermann de V. A insurreição da aldeia global contra o processo civil clássico. In: *Textos, ambiente e consumo.* Lisboa: Centro de Estudos Judiciários, 1996, v. 1.

BITTAR, Eduardo C. B. *O direito na pós-modernidade.* São Paulo: Forense Universitária, 2005.

BOBBIO, Noberto; MATTEUCCI, Nicola; PASQUINO, Gianfranco. *Dicionário de política.* 9. ed. Brasília: Editora UNB, 1997.

——. *A era dos direitos.* Rio de Janeiro: Campus, 1992.

——. *Teoria della scienza giuridica.* Torino: Giapichelli, 1950.

BÖCKENFÖRD, Ernest-Wolfgang. *Escritos sobre derechos fundamentales.* Baden-Baden: Nomos, 1993.

BONAVIDES, Paulo. *Curso de direito constitucional.* 13. ed, São Paulo: Malheiros, 2003.

——. *Do estado liberal ao estado social.* 6. ed. São Paulo: Malheiros, 1996,

BOROWSKI, Martin. *La estructura de los derechos fundamentales.* Bogotá: Universidade Externado de Colômbia, 2003.

BOURDIEU, Pierre. *Contrafogos:* táticas para enfrentar a invasão neoliberal. Rio de Janeiro: Zahar, 1998.

BRASIL. Constituição Federal (1988). Artigo 225. São Paulo: Atlas, 2001.

CABO, Antônio; PISARELLO, Geraldo. Ferrajoli y el debate sobre los derechos fundamentales. In: FERRAJOLI, Luigi. *Los fundamentos de los derechos fundamentales.* Madrid: Trotta, 2001.

CAMPO, Javier Jiménez. *Derechos fundamentales:* concepto y garantías. Valladolid: Trotta, 1999.

CANARIS, Claus-Wilhelm Canaris. *Direitos fundamentais e direito privado.* Lisboa: Almedina, 2003.

CANOTILHO, J. J. Gomes, MOREIRA, Vital. *Constituição da república portuguesa anotada.* Lisboa: Coimbra, 1984. v. 1.

——. Civilização do direito constitucional ou constitucionalização do direito civil? a eficácia dos direitos fundamentais na ordem jurídico-civil no contexto do direito pós-moderno. In: *Estudos em homenagem a Paulo Bonavides*. São Paulo: Malheiros, 2003.

——. *Constituição dirigente e vinculação do legislador:* contributo para a compreensão das normas constitucionais programáticas. 2. ed. Lisboa: Coimbra Ed., 2001.

——. *Direito constitucional e teoria da constituição*. 6. ed. Coimbra: Almedina, 2003.

——. Estado constitucional ecológico e democracia sustentada. In: *Estudos em homenagem a José Afonso da Silva*. São Paulo: Malheiros, 2003.

——. *Estudos sobre direitos fundamentais*. Coimbra: Coimbra Ed, 2004.

——. *Proteção do ambiente e direito de propriedade:* crítica de jurisprudência ambiental. Coimbra: Coimbra Editora, 1995, p. 83.

——. Rever ou romper com a constituição dirigente? defesa de um constitucionalismo moralmente reflexivo. *Cadernos de Direito Constitucional e Ciência Política,* São Paulo: RT, n. 15, p. 7-17, 1996.

CARVALHO, Orlando. *Relação jurídica e direito subjetivo*, Lisboa: Coimbra Editora, 1981

CHOMSKY, Noam. *Neoliberalismo*. Rio de Janeiro: Bertrand Brasil, 2002.

COSTA, José Manoel M. Cardoso. O princípio da dignidade da pessoa humana na constituição e na jurisprudência constitucional portuguesas. In: *Estudos em homenagem a Manoel Gonçalves Ferreira Filho*. São Paulo: Dialética, 2001.

CRISAFULLI, Vezio. *La costituzione e le sue disposizione di principio*. Milão: Laterza, 1952.

DELGADO, José Luís. *Interesses difusos e coletivos:* evolução conceitual – doutrina e jurisprudência do STF. *Revista Jurídica*, São Paulo: RT, n. 260, 1999.

DELPÉRÉE, Francis. O direito à dignidade humana. In: *Estudos em homenagem a Manoel Gonçalves Ferreira Filho*. São Paulo: Dialética, 2001.

DERANI, Cristiane. *Direito ambiental econômico*. São Paulo: Max Limonad, 1997.

DINIZ, Maria Helena. *A norma constitucional e seus efeitos*. São Paulo: Saraiva, 1989.

DREIER, Ralf. *Derecho y justicia*. Santa Fé de Bogotá: Themis, 1994.

DUPAS, Gilberto. *Tensões contemporâneas entre o público e o privado*. São Paulo: Paz e Terra, 2003.

DWORKIN, Ronald. *Levando os direitos a sério*. São Paulo: Martins Fontes, 2002.

ENGISH, Karl. *Introdução ao pensamento jurídico*. 3. ed. Lisboa: Calouste Gulbenkian, 1964.

ENTERRIA, Eduardo García de. *La constitucion como norma y el tribunal constitucional*. Madrid: Civitas, 1985.

FACCHINI NETO, Eugênio. Reflexões histórico-evolutivas sobre a constitucionalização do direito privado. In: SARLET, Ingo Wolfgang (Org.). *Constituição, direitos fundamentas e direito privado*. Porto Alegre: Livraria do Advogado, 2003.

FERRAJOLI, Luigi *et al. Los fundamentos de los derechos fundamentales*. Madri: Editorail Trotta, 2001.

Direito ao Ambiente

FERRAJOLI, Luigi. *Derecho y razón:* teoría del garantismo penal. *fundamentales.* Madrid: Trotta, 2001.

——. Derechos fundamentales. In: ——. *Los fundamentos de los derechos fundamentales.* Madrid: Trotta, 2001.

FERRAZ JÚNIOR, Tércio Sampaio. *A ciência do direito.* 2. ed. São Paulo: Atlas, 1980.

——. *Constituição de 1988:* legitimidade, vigência e eficácia e supremacia. São Paulo: Atlas, 1989.

——. *Função social da dogmática jurídica.* São Paulo: Forense, 1978.

——. *Introdução ao estudo do direito:* técnica, decisão e dominação, São Paulo: Atlas, 2001.

FERREIRA FILHO, Manoel Gonçalves. *Comentários à constituição brasileira de 1988,* São Paulo: Saraiva, 1990.

——. *Curso de direito constitucional.* 23. ed. São Paulo: Saraiva, 1996.

FIORILLO, Celso Antonio Pacheco; RODRIGUES, Marcelo Abelha. *Manual de direito ambiental e legislação aplicável.* 2. ed. São Paulo: Max Limonad, 1999.

FREITAS, Vladmir Passos de. *A constituição federal e a efetividade de suas normas.* São Paulo: RT, 2000.

GADAMER, Hans-Georg. *Verdade e método:* traços fundamentais de uma hermenêutica filosófica. Trad. Flávio Paulo Meurer. Petrópolis, RJ: Vozes, 1997.

GAVIÃO FILHO, Anísio Pires. *Direito fundamental ao ambiente.* Porto Alegre: Livraria do Advogado, 2005.

GIDDENS, Anthony. *As conseqüências da modernidade.* São Paulo: UNESP, 1991.

GOLDBALTT, David. *Teoria social e ambiente.* Lisboa: Piaget, 1996.

GONÇALVES, Reinaldo. *O nó econômico.* Rio de Janeiro: Record, 2003. (Os porquês da desordem mundial. Mestres explicam a globalização).

GOUVEIA, Jorge Bacelar. *Os direitos fundamentais à proteção dos dados pessoais informatizados.* Lisboa: ROA, n. 3, 1991.

——. *Os direitos fundamentais atípicos.* Lisboa: Aequitas, 1995.

GRAU, Eros Roberto. A constituição brasileira e as normas programáticas. *Revista de Direito Constitucional e Ciência Política,* Rio de Janeiro, n. 4.

GUASTINI, Riccardo. Três problemas para Luigi Ferrajoli. In: FERRAJOLI *et al. Los fundamentos de los derechos fundamentales.* Madri: Editorail Trotta, 2001.

HÄBERLE, Peter. *Hermenêutica constitucional. A sociedade aberta dos intérpretes da constituição.* Contribuição para a interpretação pluralista e procedimental da constituição. Porto Alegre: Sergio Fabris Editor, 200?.

——. *La garantia del contenido esencial de los derechos fundamentales.* Madrid; Dykinson-Constitucional, 2003.

HESSE, Konrad. *A força normativa da constituição.* Porto Alegre: Sergio Fabris Editor, 1991.

HOBSBAWN, Eric. *O novo século.* São Paulo: Companhia das Letras, 2000.

IPSEN Jorn. Handbuch der theorie und parxis der grundrechte *apud* STRADA, Alexei Julio. *La eficacia de los derechos fundamentales entre particulares.* Bogota: Universidad externato de Colombia, 2000, p. 90

KELSEN, Hans. *Teoria pura do direito.* Coimbra: Armênio Amado, 1974.

KHUN, Thomas. *A estrutura das revoluções científicas*. São Paulo: Perspectivas, 1970.

KIRCHMANN, Julius H. *La jurisprudência no es ciência*. Madrid: Instituto de Estúdios Políticos, 1949.

LARENZ, Karl. *Metodologia da ciência do direito*. 5. ed. Lisboa: Calouste Gulbenkian, 1983.

LAVAGNA, Carlo. *Istituzioni di diritto publico*. 6. ed. Torino, 1986.

LEITE, José Rubens Morato; AYALA, Patryck de Araújo. *Direito ambiental na sociedade do risco*. Rio de Janeiro: Forense Universitária, 2002.

LOUREIRO, João Carlos Gonçalves. O direito à identidade genética do ser humano. In: *Portugal-Brasil ano 2000*. Lisboa: Coimbra Ed., 200?

LUHMANN, Niklas. *Sistema jurídico y dogmática juridica*. Madrid: Centro de Estudios Constitucionales, 1983.

——. *Legitimação pelo procedimento*. Brasília: UNB, 1980.

——. *Sociología del riesgo*. Cidade do México: Triana Editores, 1998.

LYOTARD, Jean-François. *The post-modern condition*. Minneapolis, EUA: University of Minnesota Press, 1985.

MACHADO, João Baptista. *Introdução ao direito e ao discurso legitimador*. Coimbra: Almedina, 1990.

MACHADO, Paulo Affonso Leme. *Direito ambiental brasileiro*. 9. ed. São Paulo: Malheiros, 2002.

MALUF, Carlos Alberto Dabus. *Limitações ao direito de propriedade*. São Paulo: Saraiva, 1997.

MANCUSO, Rodolfo Camargo. *Interesses difusos:* conceito e legitimação para agir. 5. ed. São Paulo: RT, 2000, p. 68.

MARQUES NETO, Agostinho Ramalho. *Ciência do direito:* conceito, objeto e método. 2. ed. Rio de Janeiro: Forense, 1999.

MARX, Karl; ENGELS, Joseph. *Manifesto do partido comunista*. 2002.

MATÍNEZ, Gregório Peces-Barba. *Curso de derechos fundamentales:* teoria general. Madrid: Universidade Carlos III, Boletín Oficial del Estado, 1999.

MCCHESNEY, R. W. In: CHOMSKY, Noam. *Neoliberalismo*. Rio de Janeiro: Bertrand Brasil, 2002.

MELLO, Celso Antônio Bandeira de. Eficácia das normas constitucionais sobre justiça social. *Revista de Direito Público*, São Paulo: RT, n. 57-58, p. 233-256.

MENDES, Gilmar Ferreira. *Direitos fundamentais e controle de constitucionalidade*. São Paulo: Saraiva, 2004, p. 120.

MILARÉ, Edis. *Direito do ambiente:* doutrina, prática, jurisprudência, glossário. 4. ed. São Paulo: RT, 2005.

MIRANDA, Jorge. *Manual de direito constitucional*. 3. ed. Coimbra: Coimbra Editora, 2000.

MIRRA, Álvaro Luiz Valerry. *L´action civile publique du droit brésilien et la reparation dudommage causé à l´evironnement*. Estrasburgo, França. Dissertação de Mestrado apresentada junto à Faculdade de Direito de Estrasburgo, 1997.

——. Princípios fundamentais do direito ambiental. *Revista de Direito Ambiental*, São Paulo: RT, n. 2, p. 65.

Direito ao Ambiente

MONGE, Cláudia Sofia Oliveira Dias. *Vinculação das entidades privadas aos direitos, liberdades e garantias*. Lisboa: Faculdade de Direito de Lisboa, 2000, p. 16.

MOUFFE, Chantal. *La paradoja democrática*. Barcelona: Gedisa, 2003

———. *O regresso do político*. Lisboa: Gradiva, 1996.

NOVAIS, Jorge Reis. *As restrições aos direitos fundamentais não expressamente autorizadas pela Constituição*. Coimbra: Coimbra Editora, 2003.

OTERO, Paulo. Direitos históricos e não tipicidade pretérita dos direitos fundamentais. *AAVV*, Lisboa: AB Uno, 2000.

PEREIRA, Jane Reis Gonçalves. Apontamentos sobre a aplicação das normas de direito fundamental nas relações jurídicas entre particulares. In: BARROSO, Luís Roberto. (Org.). *A nova interpretação constitucional:* ponderação, direitos fundamentais e relações privadas. Rio de Janeiro: Renovar, 2004.

PEREZ LUÑO, Atônio-Henrique. *Los derechos fundamentales*. Madrid: Tecnos, 1995.

PÉREZ, Jesús González. *La dignidad de la persona*. Madrid: Civitas, 1986.

PIMENTA, Paulo Roberto Lyrio. *Eficácia e aplicabilidade das normas constitucionais programáticas*, São Paulo: Max Limonad, 1999.

PINTO, Paulo Cardoso Correia Mota. A proteção da vida privada e a constituição. *Boletim da Faculdade de Direito*, v. Comemorativo, p. 153-204, 2003.

———. O direito ao livre desenvolvimento da personalidade. In: *Portugal-Brasil ano 2000*. Lisboa: Coimbra Ed. 200?

PINTO, Paulo Mota. *Direito civil*. Lisboa: Coimbra Editora, 2000

PORTANOVA, Rogério. Direitos humanos e meio ambiente: uma revolução de paradigma para o século XXI. In: BELLO FILHO, Ney de Barros; LEITE, José Rubens Morato (Org.). *Direito ambiental contemporâneo*. São Paulo: Manole, 2004.

POZO, José Hurtado. *El princípio de legalidad, la relación de causalidad y la culpabilidad:* reflexiones sobre la dogmática penal. Bogotá: Nuevo Foro Penal, 1988.

ROSS, A. *Sobre el derecho y la justicia*. Buenos Aires: Eudeba, 1974.

RUSSELL, Bertrand. *História do pensamento ocidental:* a aventura das idéias dos pré-socráticos a Wittgenstein. Rio de Janeiro: Ediouro, 2001, p. 332.

SANTOS, Boaventura de Sousa. *A crítica da razão indolente: contra o desperdício da experiência*. Portugal: Edições Afrontamento, 2000.

SANTOS, Milton. *Por uma outra globalização*: do pensamento único à consciência universal. 6. ed. Rio de Janeiro: Record, 2001.

SARLET, Ingo Wolfgang. *A eficácia dos direitos fundamentais*. 3. ed. Porto Alegre: Livraria do Advogado, 2003.

———. *Dignidade da pessoa humana e direitos fundamentais na constituição de 1988*. Porto Alegre: Livraria do Advogado, 2003.

———. Valor de alçada e limitação do acesso ao duplo grau de jurisdição. Problematização em nível constitucional à luz de um conceito material de direitos. *Revista de Informação Legislativa*, Brasília, n. 131, p. 5-30, 1996.

———. Direitos fundamentais e direito privado: algumas considerações em torno da vinculação dos particulares aos direitos fundamentais. In: SARLET, Ingo (Org.) *A Constituição concretizada*. Porto Alegre: Livraria do Advogado, 2000.

SARMENTO, Daniel. *A ponderação de interesses na constituição federal*. Rio de Janeiro: Lúmen Júris, 2002.

——. *Direitos fundamentais e relações privadas*. Rio de Janeiro: Lumen Juris, 2004.

SCHMITT, Carl, *Teoria de la constitución*. Madrid: Aliança, 1982, p. 175.

SEVCENKO, Nicolao. *A corrida para o século XXI:* no loop montanha-russa. São Paulo: Companhia das Letras, 2002.

SILVA, José Afonso da. *Aplicabilidade das normas constitucionais*. 3. ed. São Paulo: Malheiros, 1998.

——. *Curso de direito constitucional positivo*. 19. ed. São Paulo: Malheiros, 2005.

——. *Direito ambiental constitucional*. 4. ed. São Paulo: Malheiros, 2002.

SILVA, Vasco Pereira. A vinculação das entidades privadas pelos direitos, liberdades e garantias. *Revista de Direito e de Estudos Sociais*. Lisboa: Almedina, n. 29, 1987.

——. Acórdão nº 39/84 do Tribunal Constitucional. Serviço nacional de saúde. Normas constitucionais programáticas. Imposições constitucionais. Inconstitucionalidade. *O Direito*, 1987.

——. *Em busca do ato administrativo perdido*. Coimbra: Coimbra Editora, 1996.

——. *Verde a cor do direito: lições de direito do ambiente*. Lisboa: Almedina, 2001.

SOROS, George. *Globalização*. Rio de Janeiro: Campus, 2003.

STIGLITZ, Joseph E. *A globalização e seus malefícios: a promessa não-cumprida de benefícios globais*. Trad. Bazán Tecnologia e Lingüística. São Paulo: Futura, 2002.

TAVARES; Maria da Conceição; FIORI, José Luís. *Desajuste global e modernização conservadora*. Rio de Janeiro: Paz e Terra, 1993.

TEPEDINO, Gustavo. Premissas metodológicas para a constitucionalização do direito civil. *Temas de direito civil*. Rio de Janeiro: Renovar, 1999, p. 22.

TRINDADE, Augusto Cançado. *Direitos humanos e meio-ambiente:* paralelo dos sistemas de proteção internacional. Porto Alegre: Sergio Fabris Editor, 1993.

UBILLOS, Juan Maria Bilbao. *En qué medida vinculan a los particulares los derechos fundamentales?* Constituição, direitos fundamentais e direito privado. Porto Alegre: Livraria do Advogado, 2003, p. 304.

——. *La eficacia de los derechos fundamentales frente a particulares*. Madrid: Centro de Estudios Constitucionales, 1997.

WATANABE, Kazuo. *Código brasileiro de defesa do consumidor*. 6. ed. São Paulo: Forense Universitária, 1999.

ZOLO, Danilo. *Globalizzazione:* um mappa dei problemi. Bari: Laterza, 2004.